首阳教育书系

U0724059

新时代高校思想政治教育理论与教学实践研究

孙 静 著

陕西师范大学出版总社 西安

图书代号　JY24N2560SY

图书在版编目（CIP）数据

新时代高校思想政治教育理论与教学实践研究 /
孙静著. -- 西安：陕西师范大学出版总社有限公司，
2024. 12. -- ISBN 978-7-5695-5109-9

Ⅰ. G641

中国国家版本馆 CIP 数据核字第 2024BK3933 号

新时代高校思想政治教育理论与教学实践研究
XINSHIDAI GAOXIAO SIXIANG ZHENGZHI JIAOYU LILUN YU JIAOXUE SHIJIAN YANJIU

孙　静　著

出 版 人　刘东风
出版统筹　杨　沁
特约编辑　刘会娟
责任编辑　段　静　赵苏萍　周天鸿
责任校对　曹小荣
封面设计　知更壹点
出版发行　陕西师范大学出版总社
　　　　　（西安市长安南路 199 号　　邮编　710062）
网　　址　http://www.snupg.com
印　　刷　三河市南阳印刷有限公司
开　　本　710 mm×1000 mm　1/16
印　　张　12
字　　数　240 千
版　　次　2025 年 6 月第 1 版
印　　次　2025 年 6 月第 1 次印刷
书　　号　ISBN 978-7-5695-5109-9
定　　价　60.00 元

读者使用时若发现印装质量问题，请与本社联系、调换。
电话：（029）85308697

作者简介

孙静，女，毕业于河北师范大学历史文化学院，世界史专业，硕士学位，研究生学历。现就职于石家庄信息工程职业学院马克思主义学院，副教授，思想道德与法治课程教研室主任，主要从事思想政治教育研究。曾被评为全国高校思想政治理论课教学骨干。

前　言

　　新时代背景下，高校思想政治教育面临着前所未有的挑战与机遇。随着社会的快速发展和经济全球化进程的加速，大学生的思想观念、价值取向和行为方式都发生了深刻的变化。因此，深入研究新时代高校思想政治教育的理论与教学实践，对于培养德智体美劳全面发展的社会主义建设者和接班人具有重要意义。本书旨在探讨新时代高校思想政治教育的核心理念、教学内容、教学方法以及教学实践等方面的问题。通过深入分析当前高校思想政治教育的现状与挑战，本书力求提出具有针对性和实效性的对策与建议，以推动高校思想政治教育的创新与发展。

　　全书共六章。第一章为新时代高校思想政治教育的理论基础，主要围绕马克思主义理论与思想政治教育、中国特色社会主义理论体系、习近平新时代中国特色社会主义思想等内容展开论述；第二章为新时代高校思想政治教育发展新特征，主要围绕新时代高校思想政治教育的新特征、新时代高校思想政治教育中大学生的新特征等内容展开论述；第三章为新时代高校思想政治教育体系的构建，主要围绕新时代高校思想政治教育体系的基本框架、新时代高校思想政治教育体系的创新与发展、新时代高校思想政治教育体系的实践应用等内容展开论述；第四章为新时代高校思想政治教育与其他学科的融合发展，主要围绕新时代高校思想政治教育与其他学科融合发展的必要性、新时代高校思想政治教育与人文学科的融合、新时代高校思想政治教育与自然科学的融合、新时代高校思想政治教育跨学科融合的实践案例等内容展开论述；第五章为新时代高校思想政治教育的教学手段创新，主要围绕大数据在高校思想政治教育中的创新应用、人工智能在高校思想政治教育中的创新应用等内容展开论述；第六章为新时代高校思想政治教育的实效性评估，主要围绕新时代高校思想政治教育评估指标体系、新时代高校思想政治教育评估方法与工具、新时代高校思想政治教育数据收集与分析、新时代高校思想政治教育评估结果的应用、新时代高校思想政治教育持续改进与反馈机制等内容展开论述。

　　为了确保本书内容的丰富性和多样性，笔者在编写本书的过程中参考了大量理论与研究文献，在此向涉及的专家学者表示衷心感谢。新时代高校思想政治教育理论与教学实践研究是一个具有重大现实意义和学术价值的课题，本书也期望能够通过自身的研究成果，为新时代高校思想政治教育的改革与创新提供有益的参考。

　　最后，限于笔者水平，本书难免存在一些不足之处，在此，恳请读者朋友批评指正！

目　　录

第一章　新时代高校思想政治教育的理论基础

第一节　马克思主义理论与思想政治教育

一、马克思主义唯物史观

唯物史观是马克思主义哲学的重要组成部分，是马克思主义者认识世界和改造世界的根本方法。它以物质的发展规律为基础，把社会历史看作物质生产方式发展和变革的过程，揭示了人类社会发展的一般规律。在马克思主义唯物史观中，生产力和生产关系、经济基础和上层建筑的辩证统一关系是理解社会发展的关键。

生产力决定生产关系，生产关系一定要适应生产力发展的需要。当生产关系不再适应生产力发展的需要时，它就会成为生产力发展的桎梏，需要进行革命性变革。这种生产关系的变革最终引起整个社会经济基础的变革，进而引起上层建筑的变革。整个社会发展的历史就是生产力不断发展、生产关系不断变革、经济基础和上层建筑矛盾运动的历史。

唯物史观强调，物质生产力是推动社会进步的根本动力，生产关系和上层建筑对生产力具有反作用。马克思在《〈政治经济学批判〉序言》中指出："物质生活的生产方式制约着整个社会生活、政治生活和精神生活的过程。"经济基础决定上层建筑，上层建筑一定要适合经济基础的需要。上层建筑对经济基础具有能动的反作用，在一定条件下可以促进或延缓经济基础的发展变化。因此，只有用联系的、发展的、全面的观点看问题，才能正确认识社会历史发展的本质和规律。

唯物史观为我们认识人类社会发展规律提供了锐利的思想武器。它揭示了社会基本矛盾运动的一般规律，阐明了社会发展的动力，为人民群众的历史创造找到了理论依据。

二、马克思主义与思想政治教育的关系

（一）理论基础

马克思主义作为科学的世界观和方法论，为思想政治教育提供了坚实的理论基础和指导原则。它以唯物史观为其方法论基础，深刻揭示了人类社会发展的一般规律，阐明了社会存在与社会意识的辩证关系，为认识社会、改造社会提供了强大的思想武器。同时，马克思主义也是一种实践的、发展的、开放的理论体系，它与时俱进，不断吸收人类文明的优秀成果，在实践中得到丰富和发展。

对于思想政治教育而言，马克思主义为之奠定了科学的理论基石。马克思主义政治经济学揭示了生产力与生产关系、经济基础与上层建筑之间的辩证关系，为思想政治教育阐明社会主义现代化建设的客观必然性和必由之路提供了理论依据。马克思主义哲学以辩证唯物主义和历史唯物主义为基础，强调物质对意识的决定作用，突出社会存在和实践对人的社会意识的制约和影响，为思想政治教育界定基本任务、明确工作重点指明了方向。马克思主义科学社会主义理论阐明了人的全面发展和社会全面进步的内在联系，为思想政治教育树立培养全面发展的人的崇高目标提供了价值遵循。

可以说，马克思主义犹如一座宝库，为思想政治教育提供了取之不尽、用之不竭的营养。它揭示社会发展规律，为思想政治教育把握社会主义初级阶段的基本国情提供理论支撑；它阐释人的自由而全面发展的内涵，为思想政治教育树立育人目标提供价值引领；它强调理论与实践相统一，为思想政治教育坚持知行合一提供方法指导。总之，马克思主义是思想政治教育的精神旗帜、力量源泉，是引领思想政治教育发展的指路明灯。

深入学习和运用马克思主义，对于新时代高校思想政治教育具有重大而深远的意义。高校作为意识形态工作的前沿阵地，肩负着学习、研究、宣传马克思主义，培养中国特色社会主义事业合格建设者和可靠接班人的重大任务。只有把马克思主义这个看家本领学好用好，才能使之成为思想政治教育战线的"压舱石""定盘星"，才能不断增强思想政治教育的思想性、理论性和亲和力、针对性。要坚持不懈用习近平新时代中国特色社会主义思想武装头脑，继续推进马克思主义理

论教育，切实提高教师的马克思主义理论素养和运用能力，引导大学生树立共产主义远大理想和中国特色社会主义共同理想，培养担当民族复兴大任的时代新人。

（二）实践指导

马克思主义不仅为思想政治教育提供了科学的理论指导，还为思想政治教育指明了实践方向。在马克思主义看来，理论与实践具有内在统一性，理论源于实践，又指导实践，实践是理论的基础，理论在实践中得到检验和发展。因此，高校思想政治教育必须紧密结合国情、校情，把马克思主义基本原理同中国具体实际和大学生思想实际相结合，在实践中不断丰富和发展马克思主义，用马克思主义中国化最新理论成果武装青年大学生头脑。

从理论与实践相统一的角度来看，马克思主义在高校思想政治教育实践中的指导作用主要体现在以下几个方面。

第一，马克思主义是分析把握高校思想政治教育发展规律的理论工具。思想政治教育工作者运用马克思主义的立场、观点和方法，能够透过纷繁复杂的思想政治教育现象把握其本质和规律，找到思想政治教育改革创新的正确方向。例如，以辩证唯物主义为指导，思想政治教育工作者能够更好地理解思想政治教育内容、方式、评估等要素之间的内在联系，处理好教师主导与学生主体、显性教育与隐性教育、理论学习与社会实践等方面的辩证关系，提高工作的科学性和有效性。

第二，马克思主义是构建中国特色社会主义思想政治教育体系的行动指南。党的十八大以来，以习近平同志为核心的党中央高度重视思想政治教育工作，提出了一系列新理念新思想新战略，深化了我们对社会主义思想政治教育规律的认识。高校思想政治教育必须主动适应新形势、新任务、新要求，全面贯彻党的教育方针，以立德树人为根本任务，深入学习贯彻习近平新时代中国特色社会主义思想，用马克思主义中国化最新理论成果武装头脑、指导实践、推动工作。唯有如此，才能不断增强思想政治教育的思想性、理论性和亲和力、针对性，更好地引导大学生坚定理想信念，厚植爱国主义情怀，把个人理想融入国家和民族的伟大事业之中。

第三，马克思主义是推动高校思想政治教育守正创新的精神动力。在世界百年未有之大变局加速演进的当下，高校思想政治教育面临的挑战前所未有。高校思想政治教育只有坚持以马克思主义为指导，解放思想、实事求是、与时俱进、开拓创新，才能找到前进方向、把握工作主动。一方面，要坚持马克思主义指导地位不动摇，用马克思主义的立场、观点、方法观察时代、解读时代，正确认识国内外形势，在把握规律中引领新常态；另一方面，要坚持理论联系实际，充分发挥马克思主义在观察问题、分析问题、解决问题中的锐利思维和理论力量，推动思想政治教育工作不断创新发展，更好地回应大学生关切、满足大学生需求。

（三）价值导向

马克思主义是我们认识世界、改造世界的科学理论，是中国共产党人的精神支柱和行动指南。作为一种科学理论体系，马克思主义对于高校思想政治教育具有重要的价值导向作用。它不仅为思想政治教育提供了理论基础和方法论指导，更重要的是，它蕴含着深刻的世界观、人生观和价值观，为高校思想政治教育指明了前进方向和奋斗目标。

马克思主义的世界观建立在辩证唯物主义和历史唯物主义之上。它揭示了物质世界的普遍联系和永恒发展的客观规律，强调人的主观能动性和社会实践在认识世界、改造世界中的决定性作用。将马克思主义世界观贯穿于高校思想政治教育全过程，引导大学生建立正确的世界观和方法论，有利于帮助大学生更加全面地认识世界、把握规律，增强其改造客观世界的信心和勇气。

马克思主义的人生观以实现人的自由而全面发展为最高目标。它强调个人发展与社会进步的辩证统一，主张在实践中发展自我、实现人生价值。通过马克思主义人生观教育，高校思想政治教育引导大学生树立崇高的人生理想，把个人理想融入民族复兴的伟大事业，在改造客观世界的同时实现自身价值，这对于当代大学生健康成长和全面发展具有重要意义。

马克思主义的价值观以集体主义为核心，强调个人利益服从集体利益。它倡导共产主义道德，主张全心全意为人民服务，为共产主义事业奋斗终身。用马克思主义价值观引领高校思想政治教育，就是要引导大学生树立正确的价值取向，自觉培养高尚的道德情操，坚定理想信念，将个人发展与国家、民族、人民的利益紧密结合，积极投身中华民族伟大复兴的壮丽事业。

高校思想政治教育要发挥马克思主义的价值导向作用，必须把马克思主义基本原理与中国具体实际相结合，不断推进马克思主义中国化、时代化、大众化。要引导大学生学习掌握马克思主义中国化的理论成果，尤其是习近平新时代中国特色社会主义思想，增强"四个意识"、坚定"四个自信"、做到"两个维护"。同时，要创新教学内容和方式方法，增强马克思主义理论教育的吸引力和感染力，帮助大学生真正学懂、弄通、做实，内化于心、外化于行。

第二节　中国特色社会主义理论体系

一、中国特色社会主义的基本内涵

（一）社会主义本质

社会主义的本质特征是生产资料公有制和按劳分配，这为人的全面发展奠定了经济基础。在生产资料公有制条件下，生产资料归全体人民所有，任何个人和集团都不能据为己有，剥削现象不复存在。生产目的不再是追求利润最大化，而是满足全体社会成员日益增长的物质文化需要。社会财富不再被少数人占有，而是惠及全体人民，为每个人自由而全面的发展提供了必要的物质条件。

与此同时，社会主义实行各尽所能、按劳分配的原则。个人消费品的分配以个人的劳动贡献大小为尺度，体现了"多劳多得，少劳少得"的分配原则。这种分配制度有利于调动人们的积极性和创造性，激励人们爱岗敬业、辛勤劳动、不断进取。它从物质利益上引导人们树立正确的世界观、人生观和价值观，自觉追求全面发展，形成良好的社会风尚。

社会主义的本质特征为人的全面发展提供了制度保障。生产资料公有制消除了阶级对立和剥削，按劳分配原则体现了公平正义，二者相互促进，共同保障人民当家作主的政治地位和平等的经济地位。在此基础上，社会主义国家通过制定发展规划、完善公共服务等措施，不断改善人民的工作、学习和生活条件，为人的全面发展创造有利的外部环境。同时，社会主义核心价值观的培育和践行，引导人们树立远大理想，追求高尚情操，塑造健全人格，进而推动人的全面发展。

由此可见，生产资料公有制和按劳分配作为社会主义的本质特征，从经济基础和上层建筑两个层面，为人的全面发展提供了坚实保障。只有充分发挥社会主义制度的优越性，坚持以人民为中心的发展思想，着力解决发展不平衡不充分问题，才能让人民群众共享发展成果，不断促进人的全面发展和社会的全面进步。

在新时代背景下，我们要在深刻理解社会主义本质特征的基础上，立足中国国情，统筹推进"五位一体"（即经济建设、政治建设、文化建设、社会建设和生态文明建设）总体布局，协调推进"四个全面"（即全面建设社会主义现代化国家、全面深化改革、全面依法治国、全面从严治党）战略布局，不断健全促进人的全面发展的制度体系，为了人民的美好生活拼搏奋斗。只有这样，才能不断推进马克思主义中国化时代化，让科学社会主义在当代中国焕发出强大生机和活力，不断开辟人类社会发展的崭新境界。

（二）中国特色社会主义道路

中国特色社会主义道路是在改革开放新时期全面开创中国特色社会主义事业的历史进程中走出来的。它继承和发展了中国共产党领导人民进行革命、建设、改革的成功经验和优良传统，吸收了人类文明的优秀成果，是马克思主义基本原理同中国具体实际相结合的产物，是不断探索、不断创新的成果。中国特色社会主义道路根植于中华民族的悠久历史和优秀文化传统，立足于中国的基本国情，体现了亿万人民的共同愿望和根本利益，具有鲜明的中国特色。

中国特色社会主义道路是通过不断探索、不断实践、不断创新走出来的。改革开放以来，我们党带领人民在社会主义初级阶段的伟大实践中，以极大的政治勇气、理论勇气、实践勇气，坚定不移地推进改革开放，成功开创了中国特色社会主义道路。这条道路深深植根于中国大地，体现了科学社会主义基本原则，顺应了中国社会发展的历史必然，适应了当代中国国情和人民意愿，反映了人民群众的根本利益。

中国特色社会主义道路，就是在中国共产党领导下，立足基本国情，以经济建设为中心，坚持四项基本原则，坚持改革开放，解放和发展社会生产力，建设社会主义市场经济、社会主义民主政治、社会主义先进文化、社会主义和谐社会、社会主义生态文明，促进人的全面发展，逐步实现全体人民共同富裕，建成富强民主文明和谐美丽的社会主义现代化强国，实现中华民族伟大复兴的中国梦。这一道路体现了马克思主义基本原理与中国具体实际相结合、理论创新与实践创新相统一、"四个全面"战略布局相协调、新发展理念（即创新、协调、绿色、开放、共享的新发展理念)相贯通、坚持以人民为中心和全面从严治党相统一的辩证关系。

在实践探索中，中国特色社会主义道路不断拓展和深化。1992 年，邓小平同志提出了"三个有利于"的判断标准，即是否有利于发展社会主义社会的生产力，是否有利于增强社会主义国家的综合国力，是否有利于提高人民的生活水平。2012 年，党的十八大报告明确提出中国特色社会主义事业总体布局是"五位一体"。2017 年，党的十九大将习近平新时代中国特色社会主义思想确立为中国共产党必须长期坚持的指导思想。

中国特色社会主义道路凝聚着一代又一代中国共产党人的理论探索和实践创新。邓小平理论、"三个代表"重要思想、科学发展观、习近平新时代中国特色社会主义思想，都是中国共产党人探索中国特色社会主义的理论结晶。在这些理论的指引下，中国特色社会主义不断开拓前进，展现出强大的生命力和巨大的优越性，为人类社会发展进步贡献了中国智慧和中国方案。

坚持和发展中国特色社会主义，最根本的就是要高举中国特色社会主义伟大旗帜，高度自信并全面准确把握中国特色社会主义道路、理论、制度、文化的科学内涵，不断深化对共产党执政规律、社会主义建设规律、人类社会发展规律的认识。只有坚定道路自信、理论自信、制度自信、文化自信，坚定不移沿着中国特色社会主义道路前进，才能把中国特色社会主义事业不断推向前进，实现中华民族伟大复兴的中国梦。

（三）理论体系构成

中国特色社会主义理论体系是中国共产党把马克思主义基本原理同中国具体实际相结合的理论成果，是马克思主义中国化的成果，是中国特色社会主义事业的行动指南。它涵盖了邓小平理论、"三个代表"重要思想、科学发展观和习近平新时代中国特色社会主义思想，构成了系统完备、逻辑严密的科学理论体系。

作为马克思主义基本原理和中国具体实际相结合的产物，中国特色社会主义理论体系深深扎根于中华大地，立足中国国情，回应中国实践，体现了鲜明的中国特色、时代特色和民族特色。它不是对马克思主义的简单套用，而是坚持运用马克思主义立场、观点和方法，深刻总结和提炼改革开放和社会主义现代化建设的实践经验，从而形成的科学理论。这一理论体系坚持以人民为中心的发展思想，突出中国共产党的领导地位，彰显社会主义本质要求，体现了理论与实践、认识与实践的辩证统一。

中国特色社会主义理论体系内容丰富、博大精深，涵盖社会主义本质理论、社会主义改革开放理论、社会主义初级阶段理论等诸多方面，形成了完整的逻辑体系。其中，邓小平理论在总结建设有中国特色社会主义实践经验的基础上，阐明了社会主义本质，确立了社会主义初级阶段基本路线，开创了中国特色社会主义理论体系。"三个代表"重要思想从巩固党的阶级基础和扩大党的群众基础的高度，强调中国共产党要始终代表中国先进生产力的发展要求、始终代表中国先进文化的前进方向、始终代表中国最广大人民的根本利益。科学发展观第一次比较系统地阐述了"实现什么样的发展、怎样发展"的问题，坚持以人为本，强调树立全面、协调、可持续的发展观。习近平新时代中国特色社会主义思想是当代中国马克思主义、21世纪马克思主义，实现了马克思主义中国化时代化新的飞跃。

中国特色社会主义理论体系具有鲜明的实践品格，是在改革开放和社会主义现代化建设的实践中形成的，也必须在实践中不断丰富和发展。理论来源于实践，又指导实践，二者相辅相成，形成了理论与实践相统一的科学体系。正是在指导实践的过程中，中国特色社会主义理论体系不断深化和丰富，展现出强大的生命力。同时，这一理论体系又是开放的、与时俱进的，能够根据实践发展而不断完善，在继承中创新、在创新中发展，为社会主义现代化建设提供强大的理论支撑。

中国特色社会主义理论体系科学回答了建设中国特色社会主义的一系列基本问题，为中国特色社会主义事业提供了行动指南和思想武器。同时，这一理论体系还为全面建设社会主义现代化强国、实现第二个百年奋斗目标，以中国式现代化全面推进中华民族伟大复兴提供了根本遵循。只有高举中国特色社会主义伟大旗帜，以这一科学理论为指导，才能不断把中国特色社会主义事业推向前进。

二、中国特色社会主义的理论创新

（一）理论来源

中国特色社会主义理论体系深深植根于中国实践和中华优秀传统文化，是对马克思列宁主义、毛泽东思想的继承和发展，是马克思主义中国化的理论成果。这一理论体系立足中国国情，总结中国改革开放和社会主义现代化建设的实践经验，吸收了人类文明优秀成果，形成了一系列原创性的重大战略思想、理论观点和重要论述。

马克思主义基本原理是中国特色社会主义理论体系形成和发展的理论来源。马克思主义揭示了人类社会发展的一般规律，为中国革命、建设、改革提供了强大思想武器。然而，马克思主义并不是一成不变的教条，它需要在实践中不断丰富和发展。中国共产党人将马克思主义基本原理同中国具体实际相结合，创立了毛泽东思想和中国特色社会主义理论体系，实现了马克思主义中国化两大理论成果的历史性飞跃。中国特色社会主义理论体系以马克思主义为指导，在马克思主义基本原理基础上，立足中国国情，在实践中不断总结、丰富和创新，成为引领中国特色社会主义事业前进的根本理论旗帜。

中国革命和建设的历史实践是中国特色社会主义理论体系形成和发展的现实根源。近代以来，在救亡图存的历史进程中，一代代仁人志士矢志不渝追求民族独立和人民解放，在探索民族复兴之路的历程中，马克思主义逐渐传入中国。从新民主主义革命时期到社会主义革命和建设时期，从改革开放新时期到中国特色社会主义新时代，中国共产党带领人民用实践回答时代课题，在革命、建设、改革的伟大实践中，把马克思主义普遍原理同中国具体实际结合起来，逐步形成和发展了中国特色社会主义理论体系。这一理论体系深深扎根于中国革命、建设、改革的伟大实践，是经过了革命、建设、改革长期实践检验的科学真理，为中国特色社会主义事业发展提供了强大的理论支撑和行动指南。

中华优秀传统文化是中国特色社会主义理论体系形成和发展的历史渊源。中华文明源远流长，蕴含着丰富的哲学思想、人文精神、道德理念等，是中华民族生生不息、发展壮大的丰厚滋养。中国共产党人始终坚持古为今用、推陈出新，把马克思主义基本原理同中华优秀传统文化相结合，努力从中华优秀传统文化中汲取营养和智慧。社会主义核心价值观就深刻体现了中华优秀传统文化的内在精神和价值追求。中国特色社会主义理论体系继承和弘扬了中华优秀传统文化的精髓，是对中华优秀传统文化的创造性转化和创新性发展，以古人之规矩，开自己之生面。中国特色社会主义理论体系从理论和实践的结合中，从中国的历史传统和现实需要中，从人类发展的世界潮流和中国前进的时代要求中，不断汲取营养，丰富内涵。这就使中国特色社会主义理论体系深深根植于中华大地，反映了人民意愿、契合了时代要求，具有强大的生命力和影响力。

新时代坚持和发展中国特色社会主义，必须以习近平新时代中国特色社会主义思想作为指导。这一思想是中国特色社会主义理论体系的最新发展，开辟了马克思主义中国化时代化新境界，实现了马克思主义中国化时代化新的飞跃。它继承和发展了马克思主义基本原理，立足于新的历史方位和时代特征，创造性地回答了中国特色社会主义进入新时代面临的一系列重大理论和实践问题，是引领中国发展、确保国家兴旺发达、全面建设社会主义现代化强国的行动指南。习近平新时代中国特色社会主义思想赋予中国特色社会主义理论体系以新的时代内涵，推进中国特色社会主义理论和实践创新，如此，我们就一定能在新的历史起点上把中国特色社会主义事业推向前进，谱写社会主义现代化强国的壮丽篇章。

（二）创新内容

中国特色社会主义理论体系的创新内容主要体现在以下几个方面。

首先，马克思主义中国化时代化的最新理论成果丰富和发展了中国特色社会主义理论体系。习近平新时代中国特色社会主义思想作为当代中国马克思主义、

21世纪马克思主义，开辟了马克思主义中国化时代化新境界。这一重大思想科学回答了新时代坚持和发展什么样的中国特色社会主义、怎样坚持和发展中国特色社会主义等重大时代课题，创造性提出了一系列具有开创性意义的新理念新思想新战略。党的十八大以来，以习近平同志为核心的党中央紧密结合新的时代条件和实践要求，以全新的视野深化对共产党执政规律、社会主义建设规律、人类社会发展规律的认识，进一步丰富和发展了科学社会主义基本原则，为发展21世纪马克思主义、当代中国马克思主义提供了强大思想武器和行动指南。

其次，经济、政治、文化、社会、生态文明等领域的创新理论成果不断涌现，为中国特色社会主义事业发展提供了理论支撑和实践指引。在经济建设方面，创新提出了新发展理念、供给侧结构性改革等重大战略思想。新发展理念主张坚持创新、协调、绿色、开放、共享发展，构建以国内大循环为主体、国内国际双循环相互促进的新发展格局。供给侧结构性改革旨在从供给侧发力，提高供给质量和效率，更好满足人民日益增长的美好生活需要。在政治建设方面，提出全面从严治党重要方略，强调把党的政治建设摆在首位，提高党的执政能力和领导水平。在文化建设方面，提出建设社会主义文化强国目标，坚定文化自信，发展新时代中国特色社会主义文化。在社会建设方面，强调以人民为中心，系统推进健康中国、教育强国、乡村振兴等战略，增进人民福祉。在生态文明建设方面，坚持绿水青山就是金山银山理念，推进美丽中国建设。这些理论创新成果为中国特色社会主义各项事业发展提供了根本遵循和行动指南。

再次，中国特色社会主义理论体系在国际共产主义运动中的影响力持续扩大。在当今世界百年未有之大变局中，中国特色社会主义道路、理论、制度、文化不断发展，拓展了发展中国家走向现代化的途径，为解决人类问题贡献了中国智慧和中国方案。习近平新时代中国特色社会主义思想跳出西方现代化窠臼，摒弃了资本主义发展模式弊端，彰显出强大生命力和巨大优越性，极大鼓舞了我国人民建设社会主义现代化强国的决心和信心。同时，中国共产党坚持和平发展道路，倡导构建人类命运共同体，推动构建新型国际关系，努力为人类实现持久和平繁荣贡献智慧和力量。面对西方国家对中国特色社会主义道路的抹黑，中国特色社会主义理论体系展现出强大的解释力，坚定了我们对中国特色社会主义的制度自信。

最后，中国特色社会主义理论体系的创新发展生动诠释了中国共产党人的历史担当。作为世界上最大的马克思主义执政党，中国共产党始终以实现中华民族伟大复兴为己任，团结带领中国人民在革命、建设、改革的伟大实践中，不断推进马克思主义中国化时代化，坚持把马克思主义基本原理同中国具体实际相结合、同中华优秀传统文化相结合，形成了独特的政治优势和制度优势，为人类政治文明和社会进步贡献了中国智慧。正是在不断创新发展中，中国特色社会主义理论体系焕发出强大的生命力，更好地回答了中国之问、世界之问、人民之问、时代之问。在新的历史起点上，我们要坚持以习近平新时代中国特色社会主义思想为指引，立足新发展阶段，贯彻新发展理念，构建新发展格局，在以中国式现代化全面推进强国建设、民族复兴的新征程上奋勇前进。

中国特色社会主义理论体系在经济、政治、文化、社会、生态文明等领域的创新理论成果为新时代中国特色社会主义事业发展注入强大思想动力和实践活力。通过不断推进理论创新，中国特色社会主义理论体系准确把握时代脉搏，科学回答了建设中国特色社会主义的一系列重大理论和实践问题，指引中国特色社会主义航船行稳致远。中国特色社会主义事业取得的一系列重大理论和实践成果，增强了中国特色社会主义道路自信、理论自信、制度自信、文化自信。在党的二十大报告中，习近平总书记深刻指出："拥有马克思主义科学理论指导是我们党坚定信仰信念、把握历史主动的根本所在。"面向未来，高校思想政治教育工作者要进一步学懂、弄通、做实习近平新时代中国特色社会主义思想，用党的创新理论武装头脑、指导实践、推动工作，为培养担当民族复兴大任的时代新人提供坚实的理论支撑。

（三）创新方法

中国特色社会主义理论体系的创新方法集中体现了马克思主义中国化的理论逻辑和实践逻辑。这一理论体系始终坚持解放思想、实事求是、与时俱进、求真务实，坚持马克思列宁主义、毛泽东思想的基本原理，借鉴和吸收人类社会创造的一切优秀文明成果，博采众长、开拓创新，不断推进马克思主义中国化、时代化、大众化。

从理论逻辑来看，中国特色社会主义理论体系的创新方法秉承了辩证唯物主义和历史唯物主义。这一理论体系把马克思主义基本原理同中国具体实际相结合，运用世界眼光来思考和处理中国的发展问题，形成了具有鲜明中国特色、符合中国国情、体现时代要求的科学理论。在理论创新过程中，始终坚持以人民为中心，坚持从群众中来、到群众中去，保持与人民群众的血肉联系，使理论创新更加贴近实际、贴近生活、贴近群众。同时，理论创新还体现了与时俱进的品格，把握时代脉搏，积极回答时代之问，不断引领社会发展。

从实践逻辑来看，中国特色社会主义理论体系的创新方法坚持实践第一的观点，尊重社会实践，注重总结和提炼实践经验。在改革开放和社会主义现代化建设的伟大实践中，始终以我国改革开放和现代化建设的实际问题、以新的实践和新的发展为中心，着眼于马克思主义理论的运用、丰富和发展，不断深化对共产党执政规律、社会主义建设规律、人类社会发展规律的认识，科学总结实践经验，提炼规律性认识，形成了系统科学的理论成果。这些理论成果反过来又指导新的实践，在实践中得到检验和丰富、发展。理论和实践的良性互动推动了中国特色社会主义伟大事业不断向前发展。

中国特色社会主义理论体系的创新方法还注重发挥马克思主义政党的领导核心作用。中国共产党是中国特色社会主义事业的领导核心，在推进理论创新中发挥着关键作用。党的历代领导集体高度重视理论建设，带头学习和运用马克思主义，推动马克思主义中国化取得新的飞跃。同时，广大党员干部也积极投身理论学习和实践探索，在各自岗位上创造性地运用和发展理论，推动理论创新不断深化。

第三节　习近平新时代中国特色社会主义思想

一、习近平新时代中国特色社会主义思想的主要内容

（一）以人民为中心

以人民为中心是习近平新时代中国特色社会主义思想的重要内容，体现了中国共产党全心全意为人民服务的根本宗旨。这一思想深刻揭示了人民群众是历史的创造者、社会发展的决定力量，彰显了中国共产党执政为民的价值追求和政治本色。以人民为中心是习近平新时代中国特色社会主义思想的主要内容，对于推进高校思想政治教育工作具有重要的理论指导意义和实践价值。

高校思想政治教育必须坚持以人民为中心，这是由思想政治教育工作的性质和目的所决定的。高校思想政治教育的根本任务是立德树人，培养德智体美劳全面发展的社会主义建设者和接班人。这就要求高校思想政治教育工作必须紧紧围绕大学生、关照大学生、服务大学生，把促进大学生全面健康成长作为出发点和落脚点。只有坚持以大学生为中心、尊重大学生主体地位、关注大学生成长需求，

才能提高工作的针对性和实效性，实现思想政治教育的育人目标。

坚持以人民为中心，要求高校思想政治教育工作必须深入了解大学生思想动态，准确把握大学生成长需求。当代大学生正处于世界观、人生观、价值观形成和确立的关键时期，面临着学业、择业就业、情感交往等多方面的现实困惑和心理冲突。思想政治教育工作必须在全面了解大学生实际的基础上，有的放矢地开展教育引导，帮助大学生厘清思想认识误区，明确正确的人生目标和价值追求。同时，要关注大学生在学习、生活、情感、就业等方面的实际困难，积极拓展工作渠道，完善服务体系，切实为大学生排忧解难、雪中送炭。

坚持以人民为中心，要求创新高校思想政治教育的内容和形式。思想政治教育只有贴近大学生实际、回应大学生关切，才能入脑入心、发挥实效。思想政治教育工作者应该主动适应信息化时代大学生接收信息的新特点，积极运用新媒体、新技术，创新教育教学方式方法；要善于运用大学生喜闻乐见、易于接受的话语体系，讲好大学生愿意听、听得进的故事，增强教育的吸引力和感染力；还要丰富教育载体和活动形式，积极开展社会实践、志愿服务、校园文化等实践育人活动，引导大学生在亲身参与中接受教育、汲取营养、升华思想。

坚持以人民为中心，要着力构建"三全育人"（即全员育人、全过程育人、全方位育人）工作格局。高校思想政治教育是一项系统工程，各方主体都应该担负起教书育人、管理育人、服务育人的责任。高校党委要加强组织领导、健全工作机制、强化条件保障，为思想政治教育工作创造良好环境。广大教师要提高育德意识，将价值引领贯穿教育教学全过程，在传授知识的同时，引导大学生树立正确的世界观、人生观、价值观。辅导员、班主任等要深入大学生、贴近大学生，做大学生成长的引路人和知心人。高校各职能部门要树立"一盘棋"思想，形成工作合力，为大学生健康成长提供全方位服务。只有构建全员、全过程、全方位育人大格局，形成教书育人强大合力，才能将立德树人根本任务落到实处。

习近平总书记在党的十九大报告中指出："中国共产党人的初心和使命，就是为中国人民谋幸福，为中华民族谋复兴。"高校思想政治教育作为意识形态工作的前沿阵地，必须始终坚持以人民为中心，努力培养担当民族复兴大任的时代新人。只有把大学生当作教育服务的主体，尊重他们的主体地位和发展需求，立足大学生的思想实际，创新教育内容形式，建立健全育人机制，高校思想政治教育才能焕发出强大的生命力，为以中国式现代化全面推进中华民族伟大复兴提供坚强思想保证和人才支撑。

（二）全面深化改革

全面深化改革是习近平新时代中国特色社会主义思想的重要组成部分，是实现中华民族伟大复兴的必由之路。改革开放 40 多年来，我国经济社会发展取得了举世瞩目的成就，原因就在于我们党始终坚持全面深化改革，不断推进理论创新、制度创新、科技创新、文化创新等各方面创新，为中国特色社会主义事业注入了强大动力。

当前，我国发展站在新的历史起点上，改革发展稳定任务之繁重前所未有，风险挑战之严峻前所未有。面对纷繁复杂的国内外形势，我们必须以更大的政治勇气和智慧，不失时机地推进全面深化改革，破除一切不合时宜的思想观念和体制机制弊端，突破利益固化的藩篱，吹响新起点上进一步全面深化改革的号角，激发全党全社会的创造活力。唯有如此，才能不断增强我国发展的国际影响力、感召力、塑造力，为实现第二个百年奋斗目标、以中国式现代化全面推进中华民族伟大复兴提供强大动力。

全面深化改革是一项复杂的系统工程，需要加强顶层设计和整体谋划，更需要解放思想、实事求是，勇于推进理论创新、实践创新、制度创新。

在经济领域，我们要坚持和完善社会主义基本经济制度，坚持"两个毫不动摇"，推动国有企业改革发展，支持民营企业健康成长，赋予各类市场主体平等的法律地位和发展机会。同时，要加快建设统一开放、竞争有序的市场体系，推进要素市场化配置改革，建立公平竞争的市场环境。

在政治领域，我们要坚持党的领导、人民当家作主、依法治国有机统一，推进国家治理体系和治理能力现代化。要健全人民当家作主制度体系，丰富民主形式，拓宽民主渠道，保证人民依法通过各种途径和形式管理国家事务、管理社会事务。要全面推进依法治国，加快建设中国特色社会主义法治体系，切实维护社会公平正义。

在文化领域，我们要坚定文化自信，推动社会主义文化繁荣兴盛。要繁荣文艺创作，推动文化事业全面繁荣，构建高质量文化供给体系。要提高国家文化软实力，讲好中国故事、传播好中国声音，促进中华文化走出去。要完善公共文化服务体系，实施文化惠民工程，提高基本公共文化服务的覆盖面和适用性。

在社会领域，我们要坚持以人民为中心，不断增强人民群众的获得感、幸福感、安全感。要坚持就业优先战略，实施更加积极的就业政策，创造更多就业岗位。要健全覆盖全民的社会保障体系，织牢民生保障网，兜住民生底线。要加强和创新社会治理，打造共建共治共享的社会治理格局，建设人人有责、人人尽责、人人享有的社会治理共同体。

改革开放是决定当代中国命运的关键一招，全面深化改革是实现中华民族伟大复兴的必由之路。在以习近平同志为核心的党中央坚强领导下，在习近平新时代中国特色社会主义思想指引下，我们要以更大的政治勇气和智慧将全面深化改革进行到底，让改革发展成果更多更公平惠及全体人民。唯有持续推进全面深化改革，破除体制机制弊端，解放和发展社会生产力，激发全社会创造活力，才能不断开创中国特色社会主义事业新局面，为以中国式现代化全面推进中华民族伟大复兴提供强大动力。

（三）新发展理念

新发展理念，即创新、协调、绿色、开放、共享的新发展理念。它是习近平新时代中国特色社会主义思想的重要组成部分，是指导我国经济社会发展的重要理论，体现了我国经济社会发展的战略方向和价值取向。深入学习领会新发展理念的科学内涵和实践要求，对于推动高质量发展、建设现代化经济体系具有重要意义。

创新发展理念强调创新在引领发展中的核心地位。创新既是解决我国发展面临的一系列矛盾和问题的关键，又是促进经济社会持续健康发展的必由之路。要坚持把创新作为引领发展的第一动力，不断推进理论创新、制度创新、科技创新、文化创新等各方面创新，让创新贯穿国家发展各领域和全过程。同时，创新发展理念还强调要营造鼓励创新、宽容失败的社会氛围，激发全社会创新创造活力，持续释放巨大创新力量。

协调发展理念强调推动区域协调发展、城乡协调发展、经济社会协调发展、物质文明和精神文明协调发展以及经济建设和国防建设协调发展。它要求正确处理发展中的重大关系，统筹兼顾、突出重点，促进各方面各要素相互协调。协调发展理念不仅关注发展的速度和规模，更加注重发展的质量和效益，努力实现全面、均衡、可持续的发展。在具体实践中，要依据各地区的资源禀赋、发展基础和优势特色，因地制宜制定差异化的区域发展战略，促进区域优势互补、良性互动，缩小区域发展差距。

绿色发展理念突出生态文明建设在经济社会发展中的战略地位。它要求树立尊重自然、顺应自然、保护自然的生态文明理念，坚持节约资源和保护环境的基本国策，坚持可持续发展，建设美丽中国。绿色发展理念倡导绿色、低碳、循环、可持续的生产生活方式，促进人与自然和谐共生。在实践中，要大力推进绿色低碳发展，积极发展循环经济，加快形成绿色发展方式和生活方式，努力走出一条生产发展、生活富裕、生态良好的文明发展道路。同时，还要强化源头治理、过程管控、损害赔偿等生态文明制度建设，让绿色成为高质量发展的底色。

开放发展理念强调必须坚持对外开放基本国策，奉行互利共赢的开放战略，积极参与全球经济治理。要以共建"一带一路"为重点，加强同沿线国家的沟通合作，促进贸易和投资自由化便利化。开放发展理念倡导在开放中促进改革、在开放中加快发展。要以更加积极主动的开放促进深层次改革，在扩大开放中培育国际合作和竞争新优势。同时，开放发展理念还要求我们树立人类命运共同体意识，积极发展全球伙伴关系，推动构建新型国际关系，共同应对全球性挑战。

共享发展理念强调要让全体人民在共建共享发展中有更多获得感。共同富裕是中国特色社会主义的本质要求，必须坚持发展为了人民、发展依靠人民、发展成果由人民共享。要多谋民生之利、多解民生之忧，在发展中补齐民生短板、促进社会公平正义。共享发展理念体现了以人民为中心的发展思想，是对社会主义本质的深刻揭示。在实践中，要着力解决好收入差距问题，缩小贫富差距，不断增强人民群众的获得感、幸福感、安全感。同时，共享发展理念还要求完善再分配调节机制、加强社会保障体系建设、推进基本公共服务均等化，让改革发展成果更多更公平惠及全体人民。

新发展理念是一个有机整体，相互贯通、相互促进。创新、协调、绿色、开放、共享的新发展理念，既各有侧重、相辅相成，又相互促进、相得益彰，共同构成了新时代我国经济社会发展的思想指引和行动指南。只有坚持创新发展、协调发展、绿色发展、开放发展、共享发展，加快建设现代化经济体系，才能不断增强我国经济实力和综合国力，为实现第二个百年奋斗目标、以中国式现代化全面推进中华民族伟大复兴提供强大动力。新发展理念引领新时代，我们要更加自觉地用新发展理念武装头脑、指导实践、推动工作，不断开创中国特色社会主义事业新局面。

二、习近平新时代中国特色社会主义思想的理论创新

（一）理论体系的丰富

习近平新时代中国特色社会主义思想在理论体系上的丰富和发展，体现在其

对马克思主义中国化理论成果的继承和创新。这一重要思想以鲜明的问题意识和强烈的时代关怀，立足中国特色社会主义伟大实践，提出了一系列具有开创性意义的新理念新思想新战略，极大丰富了中国特色社会主义理论体系。

习近平经济思想是对马克思主义政治经济学的继承和创新。这一思想坚持以人民为中心的发展思想，提出了新发展理念、现代化经济体系、供给侧结构性改革等重大理论观点，为推动高质量发展、建设现代化经济体系提供了根本遵循。同时，这一思想还丰富发展了社会主义市场经济理论，为更好发挥市场在资源配置中的决定性作用和更好发挥政府作用提供了理论指导。

习近平文化思想是对马克思主义文化观的创新发展。这一思想提出了坚定文化自信，推动社会主义文化繁荣兴盛的重要论断，丰富发展了马克思主义文化理论。同时，这一思想还深化了对中华优秀传统文化的认识，提出了"古为今用、推陈出新"的文化创造方法论，为建设社会主义文化强国指明了方向。

除此之外，习近平新时代中国特色社会主义思想还在生态文明建设、国防和军队建设、"一国两制"和祖国统一、外交工作等各个领域进行了理论创新，极大丰富了中国特色社会主义理论体系的内容。

不难看出，习近平新时代中国特色社会主义思想是当代中国马克思主义、21世纪马克思主义。这一重大思想立足中国特色社会主义伟大实践，紧密结合新的时代条件，以巨大的理论勇气和创新精神，提出了一系列具有开创性意义的新理念新思想新战略，极大地拓展了中国特色社会主义理论的广度和深度。这不仅代表了马克思主义中国化的最新成就，还塑造了21世纪马克思主义的最新形态。

（二）理论方法的创新

习近平新时代中国特色社会主义思想在理论方法创新方面取得了令人瞩目的成就。这一重要思想继承和发展了马克思主义的立场、观点和方法，运用历史唯物主义和辩证唯物主义，深刻回答了新时代坚持和发展什么样的中国特色社会主义、怎样坚持和发展中国特色社会主义等重大时代课题。

从方法论的角度来看，习近平新时代中国特色社会主义思想坚持以人民为中心的发展思想，将人民利益作为一切工作的出发点和落脚点。这一思想立足于中国特色社会主义初级阶段的基本国情，提出了一系列新理念新思想新战略，形成了系统完备、逻辑严密、内在统一的科学理论体系。在实践方法上，这一重要思想坚持理论联系实际，强调从实际出发，实事求是，在实践中检验真理和发展真理。这种理论和实践相结合的方法，有力推动了党和国家事业发展。

与此同时，习近平新时代中国特色社会主义思想还坚持运用辩证思维、战略思维、创新思维、法治思维、底线思维等多种思维方式，分析和解决问题。这种多维度、立体化的思维方式有助于我们更加全面、系统地认识事物发展规律，提高工作的原则性、系统性、预见性、创造性，特别是运用辩证思维，坚持"两点论"和"重点论"相统一，正确处理局部和全局、当前和长远、重点和非重点的关系，为推进各项事业发展提供了有力指导。

（三）理论实践的结合

习近平新时代中国特色社会主义思想的提出标志着中国特色社会主义理论体系迈向了一个新的发展阶段。这一思想不仅是对马克思主义理论的丰富和发展，更是对社会主义理论和实践的重大创新。它坚持以人民为中心，全面推进经济建设、政治建设、文化建设、社会建设、生态文明建设，为新时代我国发展指明了前进方向。

这一思想的一个重要特点就是坚持理论与实践的高度统一。它立足中国特色社会主义伟大实践，以党中央治国理政新实践为基础，系统总结了新时代中国特色社会主义的理论和实践成果。同时，它紧密联系我国改革发展稳定面临的新情况新问题，创造性地提出了一系列新理念新思想新战略，为推动经济社会发展提供了行动指南。这种理论与实践的辩证统一，使得习近平新时代中国特色社会主义思想具有强大的解释力、指导力和感召力。

理论来源于实践，又指导实践。习近平新时代中国特色社会主义思想坚持问题导向，针对新的时代条件和实践要求提出新的思路、新的办法，这本身就是理论创新的生动体现。例如，面对经济发展进入新常态，这一思想提出了创新、协调、绿色、开放、共享的新发展理念，强调以供给侧结构性改革为主线，推动高质量发展；面对全面深化改革进入攻坚期和深水区，这一思想强调坚定不移全面深化改革，破除一切不合时宜的思想观念和体制机制弊端；面对意识形态领域斗争的复杂形势，这一思想提出巩固马克思主义在意识形态领域的指导地位，培育和践行社会主义核心价值观。这些都充分彰显了理论对实践具有不可替代的指导作用。

与此同时，习近平新时代中国特色社会主义思想又始终坚持从实践出发，在指导实践中不断丰富和发展自己。近年来，以习近平同志为核心的党中央治国理政新实践极大丰富了这一思想的内涵。例如，"不忘初心、牢记使命"主题教育的开展进一步深化了这一思想关于党的建设的论述；第二个百年奋斗目标的号角吹响，使这一思想的战略布局更加清晰；"五位一体"总体布局和"四个全面"战略布局的深入实施推动这一思想在经济、政治、文化、社会、生态文明各领域落地生根。正是在不断指导实践、总结实践的过程中，习近平新时代中国特色社会主义思想日益丰富和发展，不断开辟马克思主义中国化时代化新境界。

第二章　新时代高校思想政治教育发展新特征

第一节　新时代高校思想政治教育的新特征

一、信息化与网络化特征

（一）信息传播方式变革

信息传播方式的变革深刻影响着高校思想政治教育的理念、内容和方法。传统的思想政治教育主要依托课堂教学、报告会等线下活动开展，然而，随着信息技术的迅猛发展，互联网已经成为大学生获取信息、交流思想的主要渠道。在这一背景下，高校思想政治教育必须顺应时代发展潮流，主动拥抱信息化，创新工作理念和方式方法，切实增强教育教学的时代感和实效性。

网络时代，信息传播呈现出海量性、即时性、互动性、多元性等特点。海量的信息资源为思想政治教育提供了丰富的素材，也对教育对象的价值判断和取舍能力提出了更高要求。信息传播的即时性使得舆情风险不断加大，稍有不慎就可能酿成严重后果。网络互动打破了传统的师生界限，教师权威受到挑战，教育对象的主体地位日益凸显。多元文化的交融碰撞导致价值观念日趋多样，对大学生的价值引领提出了新的挑战。面对这些机遇和挑战，高校思想政治教育工作者必须与时俱进，加强理论修养和实践探索，不断提升工作能力和水平。

善用新媒体平台是应对信息传播方式变革、创新思想政治教育方式的重要路径。相较于传统媒体，新媒体更加贴近大学生的生活实际，更能吸引其注意力，提高其参与热情。高校可以依托微博、微信、抖音等新媒体平台，开设富有吸引力的思想政治教育专题，引导大学生在潜移默化中坚定理想信念、涵养道德品质、提升人文素养。教师也应主动学习和运用新媒体，通过生动活泼的表达方式，拉近与大学生的心理距离，增强教育的亲和力和针对性。同时，还要注重线上线下相结合，将课堂教学与网络教育有机统一起来，形成联动效应，实现全员、全过程、全方位育人。

加强网络思想政治教育队伍建设是适应信息传播方式变革的必然要求。网络环境下，思想政治教育对象往往处于信息的主动地位，这就要求教育工作者具备更高的业务素质和能力水平。一方面，高校要完善教师培训体系，开展网络意识形态、网络技术应用等方面的专题培训，提升教师网络教学能力；另一方面，要整合校内外优质资源，吸纳优秀网络名师、意见"领袖"等，使他们参与思想政治教育，充分发挥他们的示范引领作用。此外，高校还要加强网络思想政治教育的专业化、职业化建设，完善相关学科体系，为网络思想政治教育提供坚实的人才支撑和智力保障。

优化网络环境和舆论生态是高校思想政治教育的重要保障。网络空间是意识形态斗争的主战场，也是思想政治教育的重要阵地。高校要高度重视网络意识形态工作，加强阵地建设和管理，营造积极健康、向上向善的网络文化氛围；要完善校园网络管理制度，健全信息发布、跟帖评论、应急处置等工作机制，及时发现和处置各类错误言论和有害信息，防止负面炒作和不实传播；要创新校园网络文化工作载体，开展积极向上的网络文化活动，引导大学生遵守网络道德、提高网络素养，养成文明上网的良好习惯。

信息传播方式的变革使高校思想政治教育面临新的机遇和挑战。在这一变革大潮中，唯有与时俱进、开拓创新，积极运用新媒体开展工作，加强队伍建设，优化网络生态，才能不断增强工作的时代感和实效性，引导大学生筑牢信仰之基、补足精神之钙、把稳思想之舵。这既是新时代高校思想政治教育工作者的使命所系，也是高等教育改革发展的必然要求。只有勇于探索、善于创新，才能不断开创高校思想政治教育工作新局面，为立德树人根本任务的实现提供坚实保障。

（二）教育资源数字化

数字化教育资源是信息时代教育发展的必然产物，也是推动教育现代化的重要支撑。随着互联网、大数据、人工智能等技术的迅猛发展，教育资源的数字化已经成为不可逆转的趋势。数字化教育资源不仅能够丰富教学内容，拓展教学时空，还能够促进教育公平，为大学生提供个性化、多样化的学习体验。

教育资源数字化的内涵主要体现在三个方面。一是教学内容的数字化。传统的教学内容主要以教材、讲义等纸质资料为载体，存在更新滞后、传播受限等问题；而数字化教学内容则以文本、图像、音视频、虚拟仿真等多种形式呈现，具有海量性、交互性、可更新性等特点。教师可以利用数字化教学内容，为大学生提供丰富、直观、生动的学习素材，激发其学习兴趣和探究欲望。二是教学手段的数字化。在数字化环境下，教师可以利用在线课程、慕课、智慧教室等手段，实现教学方式的变革和创新。这些数字化教学手段打破了传统课堂的时空限制，为大学生提供了自主、灵活、个性化的学习方式，促进了学习方式的转变。三是教学管理的数字化。借助大数据、人工智能等技术，教育管理者可以实现对教学过程的精准监测和智能分析，为教学诊断、决策提供依据。数字化教学管理还能够优化教育资源配置，提高管理效率和科学化水平。

数字化教育资源的应用为教育教学注入了新的活力。在课堂教学中，教师可以利用虚拟现实、增强现实等技术，为大学生创设沉浸式、交互式的学习情境，提高教学的直观性和大学生的参与度。在大学生自主学习中，智能化的学习平台和系统可以根据大学生的学习行为和认知特点，推送个性化的学习资源和服务，实现因材施教、精准教学。数字化教育资源还有助于促进教育公平，缩小区域、城乡差距。优质的数字化教育资源可以通过网络跨越时空的限制，惠及更多的大学生，尤其是边远地区的大学生，为其提供优质、均等的教育机会。

二、国际化特征

（一）文化多样性

文化多样性是当今世界的显著特征，也是人类社会发展的重要驱动力。在国际化背景下，不同文化之间的交流与碰撞日益频繁，文化多样性的价值和意义更加凸显。对于思想政治教育而言，尊重和包容文化多样性，既是时代发展的必然要求，也是思想政治教育自身发展的内在需要。

文化是人类在社会实践中创造的物质财富和精神财富的总和，包括物质文化、制度文化和心理文化等诸多方面。不同的民族、国家、地区由于其独特的地理环境、历史传统、风俗习惯等因素的影响，形成了各具特色的文化形态。这些文化形态共同构成了人类文明的多样性和丰富性。正如第33届联合国教育、科学及文化组织大会通过的《保护和促进文化表现形式多样性公约》所指出的那样，"文化多样性是人类的共同遗产""文化多样性创造了一个多姿多彩的世界，它使人类有了更多的选择，得以提高自己的能力和形成价值观，并因此成为各社区、各民族和各国可持续发展的一股主要推动力"。

在思想政治教育中，尊重文化多样性首先意味着要以平等、包容的态度看待不同文化，摒弃文化偏见和优越感。每一种文化都有其存在的价值和意义，都为人类文明的发展作出了独特贡献。我们要充分尊重各国人民自主选择发展道路、社会制度、生活方式的权利，反对将某种特定文化强加于人，反对文化霸权主义。只有在平等相待、彼此尊重的基础上，不同文化之间才能实现真正的交流与对话，实现共同发展与繁荣。

尊重和包容文化多样性既是新时代思想政治教育面临的新课题，也蕴含着新的发展机遇。只有立足时代发展大势，主动适应文化多样性发展趋势，思想政治教育才能始终保持旺盛的生命力和创造力。这就要求思想政治教育工作者要加强文化理论修养，提高文化素养和文化自觉，不断提高运用马克思主义立场、观点、方法分析和解决文化领域问题的能力。同时，还要加强中外文化交流，积极参与国际教育合作与竞争，讲好中国故事、传播好中国声音，不断提升我国思想政治教育的国际影响力和话语权。只有这样，思想政治教育才能在尊重差异、包容多样的时代潮流中实现自身的创新发展，为培养德智体美劳全面发展的社会主义建设者和接班人作出新的更大贡献。

（二）价值观冲突与融合

在国际化背景下，不同文化和价值观之间的冲突与融合已经成为一个不可忽视的现实。随着经济全球化进程的不断深入，各国之间的交流与合作日益频繁，文化多样性日益凸显。在这一过程中，不同价值观念之间难免会产生碰撞和矛盾，如何化解文化冲突、促进价值观融合，已经成为各国政府、社会组织和个人都必须面对的重大课题。

文化差异是价值观冲突的主要原因之一。不同文化背景下的人们对于诸如宗教信仰、伦理道德、审美情趣等问题，往往会持有不同的看法和态度。如果缺乏必要的文化理解和包容，就很容易产生偏见和歧视，导致文化群体之间的对立和隔阂。尊重文化差异、消除偏见歧视，是维护社会稳定、构建和谐社会的重要前提。

面对文化冲突和价值观分歧，人类社会需要加强文明对话、促进价值融合。这就要求我们秉持开放包容的心态，尊重文化多样性，致力于在差异中寻求共识、在对话中化解矛盾。各国政府和社会组织应该积极营造有利于文化交流的氛围，为不同文化背景的人们提供平等对话、互学互鉴的平台。同时，我们还应该加强文化交流与合作，通过共同参与人类面临的重大课题，在协作中增进理解、凝聚共识。

第二节　新时代高校思想政治教育中大学生的新特征

一、大学生思想观念的多样性

（一）思想观念的形成因素

大学生思想观念的形成是一个复杂而动态的过程，受到个人成长经历、家庭环境、学校教育、社会文化等多重因素的影响。在这其中，个人的认知发展和价值观塑造起着至关重要的作用。随着年龄的增长和阅历的积累，大学生逐渐形成了自己独特的世界观、人生观和价值观。他们开始思考人生的意义，探索自我的定位，并在与外部世界的互动中不断调整和完善自己的价值取向。这一过程往往伴随着困惑和彷徨，但也孕育着成长和蜕变的契机。

家庭环境是影响大学生思想观念形成的重要因素之一。父母的教养方式、家庭氛围以及家庭成员之间的关系，都会潜移默化地影响大学生的价值观和行为模式。在温暖、支持、开放的家庭环境中成长的大学生，往往更加自信、乐观、富有同理心。他们能够以积极的心态面对生活中的挑战，勇于追求自己的理想。反之，在冷漠、专制、充满矛盾的家庭中长大的大学生，可能会表现出自卑、敏感、缺乏安全感等特点，他们的思想观念也更倾向于消极和封闭。

学校教育在大学生思想观念的形成过程中扮演着不可或缺的角色。学校不仅传授知识和技能，更肩负着引导大学生树立正确世界观、人生观和价值观的重任。通过思想政治教育、心理健康教育、人文素质教育等课程，学校帮助大学生认识社会，了解自我，树立远大理想，确立崇高信念。同时，教师的言传身教也对大学生产生着潜移默化的影响。一名优秀的教师不仅应该具备渊博的学识，更应该具有高尚的师德和人格魅力。他们以自己的人格魅力感染和启发大学生，引导大学生形成积极向上的思想观念。

社会文化环境也在塑造大学生思想观念的过程中发挥着重要作用。在当今信息高度发达、多元文化交织的时代，大学生接触和吸收的思想文化资源日益丰富。网络媒体、大众传播、文学艺术等都以鲜明的特征和独特的方式影响着大学生的思维方式和价值取向。然而，在这纷繁复杂的文化环境中，大学生也面临着价值观念冲突、信息真伪难辨等挑战。如何引导大学生辨别是非、独立思考，培养其批判性思维和文化自觉，是摆在教育工作者面前的一项重要课题。

（二）思想观念的表现形式

思想观念的表现形式是多样而复杂的，既包括个体内在的认知模式和价值取向，又涵盖了外显的行为方式和生活方式。在当代大学生群体中，思想观念的表现形式呈现出鲜明的时代特征和个性化趋势。

从认知模式来看，当代大学生更加注重独立思考和批判性思维。他们不再盲从权威，而是善于运用所学知识分析问题，形成自己的见解。在学习过程中，他们追求知识的系统性和逻辑性，力求建立起完整的知识体系。同时，他们也更加重视知识的实践应用，希望将理论与实际相结合，解决现实问题。这种求真务实、敢于质疑的认知模式，反映了当代大学生积极进取、勇于创新的时代精神。

从价值取向来看，当代大学生的价值观念日益多元化。一方面，他们继承和弘扬了中华民族的传统美德，如爱国主义、集体主义等，这些价值观念已经内化为他们的精神追求和行为准则。另一方面，他们也受到西方文化的影响，更加注重个人价值的实现和自我发展。这种兼容并蓄、多元包容的价值取向，体现了当代大学生开放进取、与时俱进的时代特点。

从行为方式来看，当代大学生更加注重自主性和参与性。在校园生活中，他们积极参与社团活动、志愿服务、创新创业等实践活动，通过亲身体验提升综合素质。他们不再满足于被动接受，而是主动塑造自我，追求全面发展。在人际交往中，他们强调平等互助、真诚沟通，营造融洽的人际关系。这种自主参与、积极进取的行为方式，彰显了当代大学生蓬勃向上的青春活力。

从生活方式来看，当代大学生更加注重个性化和多样化。他们不盲目从众，而是按照自己的兴趣爱好和价值取向塑造独特的生活方式。他们勇于展现自我，追求个性化发展。同时，他们也更加注重生活的品质和情趣，喜欢尝试新鲜事物，不断拓宽视野、增长见识。无论是在学习、生活还是娱乐方面，他们都展现出多姿多彩、丰富多元的时尚风貌。这种个性鲜明、品味高雅的生活方式反映了当代大学生积极乐观、追求卓越的人生态度。

思想观念的表现形式因个体的性格特点、成长经历、专业背景等因素而呈现多样性。有的大学生思想更加成熟，有的则相对简单；有的大学生更加注重理性思考，有的则更加感性；有的大学生在价值取向上更加务实，有的则更加理想化。这种个体差异性本身就是大学生思想观念多样性的重要体现。同时，不同高校、不同地域的大学生群体，其思想观念的表现形式也存在一定差异。这既反映了不同学校办学理念、校园文化的差异，也反映了不同地域经济社会发展水平的差异。因此，在把握大学生思想观念表现形式的共性特点时，也要注意分析这种差异性。

二、大学生价值取向的多元化

当代大学生的价值取向呈现出多元化、个性化、功利化等鲜明特征。伴随着社会转型和市场经济的深入发展，大学生的价值观念也发生了深刻变化。在价值目标的选择上，大学生表现出多元化的倾向。他们不再满足于单一、固定的人生模式，而是追求个性化、多样化的发展路径。学习目的从单纯的知识积累转向能力提升、个人价值实现；职业选择从过去的"铁饭碗"观念转向自由、灵活的就业方式；生活方式从传统的节俭向现代化、品质化发展。这种价值取向的多元化反映了时代发展的必然要求，体现了大学生个性解放、自由发展的价值诉求。

与此同时，功利化也成为当代个别大学生价值取向的特点。在日益激烈的社会竞争中，个别大学生过于重视个人利益的获得，将金钱、物质看得高于一切。学习动机从求知转向求利，人际交往从真诚走向功利，择业标准从兴趣转为收入。这种功利化倾向虽然在一定程度上激发了大学生的进取心和竞争意识，但也导致其道德价值判断趋于模糊，社会责任感有所弱化。

三、大学生社会参与意识的增强

（一）社会参与的动机

大学生积极参与社会实践是新时代高等教育改革的必然要求。在社会转型加速、经济结构调整的背景下，高校教育必须紧跟时代步伐，培养具有家国情怀、全球视野、创新精神和实践能力的高素质人才，而社会参与正是实现这一目标的重要途径。

从个体发展的角度来看，社会参与能够满足大学生多元化的成长需求。当代大学生思想活跃、个性鲜明，渴望在社会实践中展现自我、锻炼能力、彰显价值。通过参与社区服务、志愿活动、创新创业等实践项目，大学生能够将所学知识运用于实际，提升实践技能、沟通能力和团队协作能力。同时，在服务他人、奉献社会的过程中，大学生也能深化对个人与他人、个人与社会关系的认识，形成正确的世界观、人生观和价值观。这些宝贵的实践经历将成为大学生成长道路上的重要财富，对其未来职业发展和人格塑造产生深远影响。

从社会发展的角度来看，鼓励大学生进行社会参与有利于实现高等教育与社会发展的良性互动。高校是人才培养的摇篮，肩负着服务经济社会发展的重要使命，而社会参与为大学生理解社会现实、把握发展趋势提供了直接渠道。通过走出校园、融入社会，大学生能够深入基层一线，了解民生冷暖，洞察时代变化。这不仅有助于大学生运用专业知识、创新思维破解社会难题，更有助于大学生树立家国情怀、勇担社会责任。同时，大学生以青春活力、朝气蓬勃的姿态投身社会实践，也为社会发展注入了勃勃生机，成为推动社会进步的重要力量。

从国家战略的角度来看，推进大学生社会参与是贯彻落实立德树人根本任务的重要举措。党的十九大报告指出，要"引导和支持高校毕业生到基层工作"，强调"青年兴则国家兴，青年强则国家强"。这为新时代高校思想政治教育指明了前进方向。通过搭建社会实践平台，引导大学生投身社会主义现代化建设，高校能够帮助大学生坚定理想信念、厚植爱国情怀、增长智慧见识、锤炼过硬本领，使其为以中国式现代化全面推进中华民族伟大复兴贡献青春力量。可以说，大学生社会参与已经成为落实立德树人根本任务、培养担当民族复兴大任时代新人的必由之路。

当下，围绕大学生社会参与开展教育教学改革已经成为高校思想政治工作的重要内容。各高校纷纷探索构建"第二课堂成绩单"制度，将社会实践纳入人才培养方案和学分体系，激励大学生走出校园、服务社会。与此同时，高校还通过开展"三下乡"社会实践、青年志愿者行动等品牌项目，为大学生社会参与搭建广阔平台。一大批新时代最美大学生、优秀青年志愿者脱颖而出，成为大学生践行社会主义核心价值观、担当时代责任的杰出代表。这些生动实践有力证明，大学生社会参与已经成为高校思想政治工作的重要抓手，成为大学生成长成才的关键路径。

（二）社会参与的形式

大学生参与社会实践活动的形式日益多样化，既有传统的社会调查、支教助农等，又有新兴的创业实践、网络互动等。这些实践形式各具特色，为大学生提供了广阔的社会参与平台。

社会调查是大学生参与社会实践的重要形式之一。通过深入基层、走访群众，大学生可以直观地了解社会现实，感知民情民意。在调查过程中，他们需要运用所学知识分析问题、解决问题，将书本上的理论知识与鲜活的社会实践相结合。这不仅能够帮助大学生深化对专业知识的理解，提升综合素质和实践能力，还能培养其服务社会、奉献他人的家国情怀。许多高校都将社会调查纳入教学计划，组织学生定期开展"三下乡"等社会实践活动，引导其在服务社会的过程中实现自我成长。

支教助农也是大学生参与社会实践的传统方式。每年暑期，大批大学生志愿者奔赴偏远山区，为当地群众提供力所能及的帮助。他们或担任支教老师，为留守儿童带去知识和温暖；或参与农业生产，用劳动的汗水换取丰收的喜悦。在为他人奉献爱心的同时，大学生志愿者也收获了宝贵的人生体验和成长机会。支教助农不仅锻炼了大学生吃苦耐劳的意志品质，也让他们对国情民生有了更加深刻的认识，增强了他们的社会责任感和使命感。这些宝贵的品格将伴随他们一生，成为他们未来发展的精神财富。

随着创新创业教育的深入推进，创业实践已经成为大学生参与社会实践的新形式。越来越多的大学生在校期间就开始尝试创业，将创新想法付诸实践。他们或是开发新产品、新技术，或是探索新商业模式、新市场需求，在创业的道路上不断求索、不断突破。创业实践不仅为大学生提供了锻炼能力、展示才华的舞台，也为社会注入了蓬勃向上的青春力量。通过创业，大学生能够更好地将所学知识应用到实际工作中，提高动手能力和解决问题的能力。同时，创业过程中的坎坷与磨砺也能磨炼其意志，培养其逆境中成长的坚韧品格。高校应积极搭建创业平台，完善创业指导服务，为大学生创业实践提供有力支持。

第三章　新时代高校思想政治教育体系的构建

第一节　新时代高校思想政治教育体系的基本框架

一、高校思想政治教育的核心理念

（一）以人为本

以人为本是新时代高校思想政治教育的核心理念，它体现了党和国家对高等教育的殷切期望，彰显了社会主义教育的本质要求。在思想政治教育工作中，坚持以人为本，就是要尊重大学生主体地位，关注大学生全面发展，满足大学生多元需求，最大限度地激发大学生的潜能，促进大学生自由而全面的发展。

从哲学层面来看，以人为本是马克思主义人本思想的体现。在高校思想政治教育中，教师必须正确认识和对待大学生，把大学生作为独立的人格主体，尊重其主体性和能动性。这就要求教师平等地对待每一位大学生，真诚地关心每一位大学生，努力营造民主、和谐、平等的师生关系，唤醒大学生的主体意识，激发大学生的主动性和创造性。只有这样，思想政治教育才能取得实效，从而引导大学生健康成长。

从教育学层面来看，以人为本体现了现代教育以大学生发展为本的理念。苏联著名教育家苏霍姆林斯基（Sukhomlinsky）认为，教育的全部秘诀就在于教师对大学生的态度。他强调，教育工作必须把发展大学生作为根本出发点和归宿，一切从大学生的现实需要出发，为了大学生的终身发展服务。高校思想政治教育必须树立以大学生发展为本的教育观，关注大学生德智体美劳全面发展，针对大学生成长中的困惑和需求及时施以援手，最大限度地为大学生的发展创造有利条件，特别是要重视大学生的个性化发展，因材施教，为每一位大学生提供适合的教育，让每一位大学生都能绽放青春、成就梦想。

从实践层面来看，以人为本是做好高校思想政治教育工作的根本遵循。当前，大学生正处于人生发展的关键时期，他们思想活跃、个性鲜明、价值多元，对美好生活有着强烈向往。面对大学生群体的新特点、新需求，思想政治教育必须坚持以人为本，用真情感人、以理服人，把握大学生的思想脉搏，回应大学生的现实关切。一方面，要创新教育内容，围绕大学生的热点、难点、疑点，开展喜闻乐见、入脑入心的教育；另一方面，要改进工作方法，多谈心、多交流、多引导，增进师生情谊，形成良性互动。只有让大学生从内心深处认可并接受教育，思想政治教育才能真正入脑入心、润物无声。

坚持以人为本，是新时代高校思想政治教育的必然选择。它顺应了时代的发展潮流，回应了大学生的成长需求，彰显了教育的人文关怀，为思想政治教育插上了腾飞的翅膀。在实践中，我们要自觉把以人为本作为高校思想政治教育的价值追求和行动指南，久久为功，上下求索，不断推动思想政治教育工作创新发展，为立德树人、为党育人、为国育才作出新的更大贡献。唯有如此，才能不负党和人民的殷切期望，书写新时代高校思想政治教育的崭新篇章。

（二）德育为先

德育是育人的灵魂，是实现立德树人根本任务的关键。新时代高校思想政治教育理论体系的构建必须坚持德育为先，将德育贯穿教育教学全过程，努力构建全员育人、全过程育人、全方位育人的工作格局。

高校思想政治教育要充分发挥德育的引领和主导作用，把社会主义核心价值观融入教育教学各环节，引导大学生树立正确的世界观、人生观、价值观。这就要求教师在传授知识的同时，更加注重对大学生品德的培养和人格的塑造，帮助其形成高尚的道德情操和健全的人格品质。高校要通过思政课程与课程思政的有机结合，推动德育与智育、体育、美育和劳动教育的深度融合，实现全员、全过程、全方位育人。

德育为先并非简单地把德育放在首位，而是要从教育规律和人才成长规律出发，遵循思想政治工作规律，把握大学生成长发展的特点和需求，创新德育内容和方式方法。一方面，要立足时代特征和国家需要，及时更新德育内容，增强德育的吸引力和感染力。教育工作者要主动回应大学生成长发展中的困惑和需求，引导他们在理想信念、家国情怀、人生价值等方面形成正确认识。另一方面，要改进德育实施路径，提高德育的针对性和实效性。要注重将显性教育和隐性教育相结合，充分利用榜样的力量、校风校训等校园文化资源，以及服务、学习等实践育人平台，增强德育的生活性和体验性，引导大学生将德育内容内化于心、外化于行。

（三）全员育人

人才培养是高校最本质的功能，也是新时代赋予高校的重大使命。全员育人是指以人才培养为中心，充分发挥全体教职工在育人工作中的主导作用，形成全校师生共同参与的育人格局。这一理念的提出标志着我国高等教育事业发展进入了一个崭新阶段。

全员育人是对传统育人模式的一次重大变革。长期以来，我国高校人才培养工作主要依靠专职教师和学工队伍，其他教职工参与不足，育人合力尚未充分形成。这种局限性不仅制约了育人质量的提升，也难以适应新时代对人才培养提出的更高要求。全员育人理念的提出，正是针对这一问题而作出的战略部署。它要求动员全校各方力量，发挥教学、科研、管理、服务等各个岗位的育人功能，使每一位教职工都成为大学生成长的引路人。

全员育人是一项复杂的系统工程，需要全校上下共同努力。学校党委要加强组织领导，将全员育人纳入学校改革发展的总体部署。各职能部门要强化统筹协调，完善工作机制，为全员育人提供制度保障。基层教学单位要结合学科专业特点，创新育人模式，将全员育人理念落到实处。广大教职工要提高思想认识，强化责任担当，以饱满的热情投身育人实践。只有形成全员参与、全员负责的工作氛围，才能不断开创全员育人新局面。

全员育人是新时代高等教育改革发展的必然要求。它顺应了社会主义现代化建设对人才培养提出的新要求，体现了以人民为中心的发展思想，彰显了高校立德树人的根本任务。在全员育人实践中，广大教职工要以"四有"（即有理想信念、有道德情操、有扎实学识、有仁爱之心）好老师为标杆，争做大学生成长的引路人，用心用情用力培养德智体美劳全面发展的社会主义建设者和接班人。只有全员发力、协同创新，才能不断提升人才培养质量，为实现高等教育内涵式发展、加快教育现代化进程做出应有贡献。

（四）全过程育人

全过程育人理念强调高校思想政治教育要贯穿大学生成长成才的全过程，渗透到高校教育的各个环节。这一理念的提出突破了传统的"课堂育人"局限，将思想政治教育拓展到大学生学习、生活、实践的方方面面。

在课堂教学中，全过程育人要求教师不仅传授专业知识，更要注重大学生世界观、人生观、价值观的塑造。教师通过精心设计教学内容、创新教学方式，引导大学生树立正确的理想信念，培养其家国情怀和社会责任感。同时，教师还应发挥示范引领作用，用自身的言行举止影响大学生，成为大学生健康成长的引路人。

在课外活动中，全过程育人理念为思想政治教育拓宽了时空维度。丰富多彩的第二课堂活动，如社会实践、志愿服务、文体活动等，为大学生提供了接受教育、陶冶情操的广阔平台。在实践中，大学生能够将所学知识与现实生活相结合，在服务社会的过程中坚定理想信念、锤炼意志品质。高校要充分利用第二课堂资源，开发富有教育意义的活动项目，引导大学生在实践中理解和践行社会主义核心价值观。

在校园文化建设中，全过程育人理念为思想政治教育营造了良好氛围。高校要以社会主义核心价值观为引领，将思想政治教育元素融入校园文化的各个层面。一方面，要加强校园环境育人，通过景观设计、标识设置等形式，营造富有教育意蕴的校园环境。另一方面，要丰富校园文化活动，组织思想性、艺术性、娱乐性俱佳的主题活动，吸引大学生广泛参与，使其在潜移默化中接受思想洗礼。

在日常管理服务中，全过程育人理念要求高校将思想政治教育贯穿大学生事务管理的全过程。辅导员、班主任等学工人员要深入大学生学习、生活，及时发现和解决其学习、生活、思想问题。图书馆、食堂、宿舍等服务部门也要充分发挥育人功能，将社会主义核心价值观融入服务理念和工作流程，用优质服务感染和教育大学生。

二、高校思想政治教育的基本原则

（一）理论联系实际

理论联系实际是高校思想政治教育的基本原则之一，它要求教师在教学过程中注重将理论知识与大学生的现实生活相结合，引导大学生运用马克思主义基本原理分析和解决实际问题。只有将抽象的理论知识转化为大学生可以感知、理解和运用的具体形态，才能真正增强思想政治教育的针对性和实效性。

从认知规律的角度来看，理论联系实际有助于提高大学生对思政课内容的接受度和认同感。人的认知总是从感性认识开始，然后上升到理性认识。如果教学脱离了大学生的现实生活，单纯灌输抽象的理论知识，大学生就难以建立起鲜活、具体的感性认识，更谈不上升华到对理论的深刻领悟。相反，如果教师善于将理论知识与大学生熟悉的生活场景、社会热点联系起来，用身边的人和事阐释深奥的哲理，大学生就更容易产生情感共鸣，主动接纳和内化理论知识。

从能力培养的角度来看，理论联系实际是提升大学生运用知识分析问题、解决问题能力的关键。思政课的根本目标是引导大学生树立正确的世界观、人生观、价值观，这就要求大学生不仅能够理解和记忆理论知识，更要学会用理论武装头脑、指导实践。通过设置贴近大学生生活的案例分析、社会调研等实践环节，教师可以引导大学生将所学理论知识与现实问题相结合，提出自己的看法和解决方案。在此过程中，大学生的理论思维能力和实践操作能力都能得到锻炼和提升。

从育人效果的角度来看，理论联系实际是增强思想政治教育感染力、说服力的有效途径。思想政治工作从根本上说是做人的工作，必须以情感人、以理服人。单纯的说教式灌输很难触及大学生内心深处，唤起其情感共鸣。只有当理论知识转化为大学生切身体验的现实内容，化为解决其现实困惑的锦囊妙计时，才能产生入脑入心的教育效果。

理论联系实际是做好新时代高校思想政治教育工作的必然要求。在教学理念上，我们要树立知行合一、学以致用的观念；在教学内容上，我们要紧密结合大学生的专业特点和成长需求，有针对性地选取案例素材；在教学方法上，我们要积极探索参与式、体验式教学模式，最大限度地调动大学生的主动性和创造性。只有不断深化理论联系实际的教学实践，我们才能培养出政治立场坚定、人格健全、学识渊博的德智体美劳全面发展的社会主义建设者和接班人。这既是新时代赋予高校思想政治教育工作者的崇高使命，又是推动中国特色社会主义教育事业蓬勃发展的必然要求。

（二）因材施教

因材施教是现代教育的重要理念和原则，它要求教师充分考虑大学生的个性特点、认知基础、学习风格等因素，灵活运用多样化的教学方法和手段，最大限度地满足不同大学生的学习需求，促进每一位大学生的全面发展。在高校思想政治教育中贯彻因材施教理念，对于提升教学质量、增强教学实效性具有重要意义。

从大学生主体差异性的视角来看，大学生群体在年龄阶段、知识背景、价值观念等方面呈现出多元化特征。有的大学生已经形成了比较成熟的世界观、人生观和价值观，有的大学生则尚处于三观的探索期；有的大学生具备扎实的政治理论基础，有的大学生则对相关知识比较陌生。面对这种差异性，思政课教师必须摒弃"一刀切"的教学模式，针对不同大学生的特点设计个性化的教学方案。例如，对于理论基础薄弱的大学生，教师可以通过设置思考题、组织讨论等方式，引导其主动思考、积极参与，逐步夯实理论根基；对于已经具备较高政治素养的大学生，教师则可以布置一些研究性课题，鼓励其开展深入探究，进一步拓宽思路、提升理论水平。

从教学内容选择的视角来看，高校思政课涵盖了马克思主义基本原理概论、毛泽东思想和中国特色社会主义理论体系概论、中国近现代史纲要、思想道德修养与法律基础、形势与政策等多门课程，内容广泛而又高度抽象。不同专业、不同年级的大学生对这些内容的接受能力存在较大差距。因此，教师在备课时要着眼学情，甄选最具针对性、最能引起大学生共鸣的教学内容。例如，在教授"实践唯物主义"相关内容时，理工科学生可能更容易从科学技术发展的视角切入理解，而人文社会科学类学生则可能对哲学理念本身更感兴趣。教师需要结合大学生特点，以恰当的切入点和实例帮助其理解相对晦涩的理论知识。

从教学方法运用的视角来看，由于大学生在认知方式、学习习惯等方面差异明显，单一化的灌输式教学法显然难以取得良好效果。为了调动不同大学生的学习积极性，教师应根据教学内容和大学生特点，灵活采用案例分析、情景模拟、小组合作、课题研究等多种教学方法。教师要设计丰富多样的课堂活动，最大限度地满足大学生的参与愿望，激发其主动学习、勇于实践的内在动力。同时，现代信息技术为因材施教提供了更为便捷的手段，教师应合理运用微课、慕课、虚拟仿真等多种方式，为大学生提供个性化、交互式的学习体验，打破课堂教学的时空界限。

从学习效果评估的视角来看，传统的评估方式显然无法全面反映大学生的思想政治素质，更谈不上有针对性地指导大学生改进学习方法、提高综合素养。开展因材施教需要建立科学完善的学习评估体系，综合运用大学生自评、生生互评、师生共评等多元评估方式，动态地监测每一位大学生的学习进展和思想变化。通过形成性评估及时发现问题，并有针对性地进行个别指导、课程辅导，帮助大学生查漏补缺、改进提高。同时，评估结果应向大学生反馈，引导其正确认识自身优势和不足，明确努力方向，树立自主学习、自我完善的意识。

（三）以学生为中心

以学生为中心是新时代高校思想政治教育理论体系的重要原则之一。它强调在思想政治教育过程中，教师要充分尊重大学生的主体地位，关注大学生的需求和利益，激发大学生的内在潜力，推动大学生的全面发展。这一原则的提出既是对传统思想政治教育模式的反思和超越，又是适应新时代大学生成长特点、实现思想政治教育与大学生发展双赢的必然要求。

从教育学的视角来看，以学生为中心的教学理念已经成为当代教育改革的重要趋势。这一理念强调学生是学习的主体，教师应该充分尊重学生的个性特点和发展需求，创设良好的教学情境，引导学生主动参与教学过程，促进学生在"做中学""学中做"中实现自主发展。将这一理念引入高校思想政治教育领域，就要求教师摒弃传统的灌输式教学法，教师应由知识的传授者转变为引导者、组织者和帮助者，激发大学生探究真理、追求进步的内在动力，培养大学生主动接受教育、自觉提高思想觉悟的意识和能力。

从思想政治教育的内容来看，以学生为中心意味着教育内容的选择和设计必须紧密结合大学生的实际需求。当代大学生正处于世界观、人生观、价值观形成和确立的关键时期，面临着学业压力、就业竞争、情感困惑等多重挑战。思想政治教育要想真正入脑入心，就必须直面大学生的现实困惑，回应大学生的成长需求，用大学生喜闻乐见的方式讲述他们关心的话题。只有将思想引领与解疑释惑相结合，将理论教育与实践养成相贯通，才能增强思想政治教育的针对性和实效性，引导大学生坚定理想信念、涵育高尚品德、提升综合素质。

从育人方式的创新来看，以学生为中心要求构建师生互动、平等交流的教学模式。传统的思想政治教育往往采取"一言堂"式的灌输方式，教师高高在上，学生被动接受，缺乏情感交流和心灵沟通。这种方式不仅无法调动学生的学习积极性，也难以实现教育内容的内化吸收。相比之下，以学生为中心的教学强调师生之间的双向互动，鼓励大学生畅所欲言，表达自己的观点看法。在平等交流中，教师不仅可以及时发现和纠正大学生的认识误区，还能与大学生建立起心灵契合、情感共鸣的师生关系。唯有如此，思想政治教育才能真正走进大学生内心，产生潜移默化的影响。

以学生为中心还意味着要发挥大学生在思想政治教育中的主体作用。一方面，教师要积极搭建平台，为大学生参与教育教学提供机会和条件。例如，开展主题班会、组织社会实践、举办学习论坛等，都能够激发大学生的主动性和创造性，培养其自主学习、自我管理的能力。另一方面，教师要充分发掘大学生在思想引领方面的示范作用和辐射带动功能。一些政治觉悟高、综合素质强的优秀大学生完全可以担当思想政治教育的助手和同伴教育者，通过互帮互学，带动更多大学生主动接受教育、自觉提高觉悟，实现共同进步。

三、高校思想政治教育的主要内容

（一）思想道德教育

思想道德教育是高校思想政治教育的重要内容，对于培养大学生正确的世界观、人生观、价值观具有重要意义。在新时代背景下，思想道德教育面临着新的机遇和挑战，需要教育工作者不断创新教育理念和方法，提升教育的针对性和实效性。

思想道德教育首先要明确育人目标，即培养大学生成为德智体美劳全面发展的社会主义建设者和接班人。这就要求教育内容必须紧扣社会主义核心价值观，引导大学生树立正确的理想信念，培养爱国主义情怀，锤炼高尚的道德品质。同时，思想道德教育还要关注大学生的现实需求，帮助其解决成长过程中遇到的思想困惑和现实问题，增强教育的吸引力和感染力。

在思想道德教育过程中，教师要树立以学生为中心的教育理念，尊重学生的主体地位，激发学生的内在潜力；要改变传统的灌输式教学模式，采用启发式、互动式、体验式等多样化的教学方法，鼓励大学生主动参与、积极思考；要善于利用新媒体技术，创新教育载体和平台，拓展教育的时空边界；要注重教育的实践性和体验性，引导学生在社会实践中感悟道德规范、内化价值追求。

教师在思想道德教育中扮演着重要角色，是教育效果的决定性因素。高校要加强师德师风建设，提升教师的道德修养和人格魅力，使其赢得大学生的信赖和尊重。教师要以身作则、言传身教，用自己的模范行为影响学生；要不断提升教育教学能力，掌握先进的教育理念和方法，努力成为大学生成长道路上的引路人。

评估反馈是思想道德教育不可或缺的环节，是改进教育工作的重要依据。评估要建立科学的指标体系，全面考查大学生的道德认知、情感、意志和行为表现；要注重过程性评估与结果性评估相结合，既关注大学生的道德素养，又关注其在实践中的表现；要创新评估方式，引入学生自评、互评等参与式评估方式，提高评估的客观性和公正性。

（二）政治理论教育

政治理论教育是高校思想政治教育的重要组成部分，在培养大学生正确的世界观、人生观、价值观方面发挥着不可替代的作用。随着社会主义现代化建设的不断推进，加强和改进新时代高校政治理论教育已成为一项紧迫而重要的任务。高校必须准确把握政治理论教育的内涵和规律，创新教学内容和方法，提高教学质量和实效性，为大学生的全面发展和健康成长提供坚实保障。

从内容上看，高校政治理论教育应以马克思主义为指导，全面贯彻习近平新时代中国特色社会主义思想，深入学习宣传贯彻党的二十大精神，引导大学生树立共产主义远大理想和中国特色社会主义共同理想，厚植爱国主义情怀，增强"四个意识"、坚定"四个自信"、做到"两个维护"，努力成长为担当民族复兴大任的时代新人。同时，政治理论教育还应关注国内外形势发展，引导大学生准确理解和把握世情、国情、党情，自觉肩负起时代赋予的使命责任。

从方式上看，高校政治理论教育应坚持理论与实践相结合，课堂教学与社会实践相结合，知识传授与价值引领相结合。一方面，教师要精心设计教学内容，选取能够反映社会主义本质要求和时代发展要求的教学素材，帮助大学生深化对马克思主义基本原理的认识和理解。另一方面，教师还要创新教学方法，综合运用讲授式、探究式、讨论式、参与式等多种教学模式，调动大学生学习的主动性和积极性。此外，高校还应搭建实践育人平台，组织大学生深入基层、深入群众，在亲身参与中感悟新思想、领会新理论、践行新要求。

从评估上看，高校政治理论教育应建立科学合理的质量评估体系。传统的考试考核方式难以全面衡量大学生的政治素养和价值取向，容易导致大学生重分数轻能力、重结果轻过程。为此，高校应积极探索学生自评、学生互评、教师评估、社会评估相结合的多元评估方式，关注大学生在政治认同、家国情怀、奋斗精神、劳动观念等方面的转变和提升，激励引导大学生将所学知识内化为坚定理想信念、厚植爱国主义情怀的精神动力。

（三）法治教育

法治教育是高校思想政治教育的重要组成部分，对于培养大学生的法治意识、法律素养和公民责任感具有重要意义。在新时代背景下，坚持全面依法治国、推进法治中国建设，已经成为党和国家的重大战略部署。高校作为培养社会主义建设者和接班人的重要阵地，必须将法治教育摆在更加突出的位置，不断创新教育内容和方式，提升法治教育的针对性和实效性。

法治教育的核心在于引导大学生树立法治信仰，培养其尊法、学法、守法、用法的自觉性。这就要求高校法治教育必须紧密联系大学生成长成才实际，针对大学生认知特点和接受习惯，设计富有吸引力和感染力的教育内容。一方面，要系统讲授法律知识，帮助大学生牢固树立宪法法律至上、权由法定的观念，掌握运用法治思维和法治方式解决问题的基本能力。另一方面，要创新教育形式，充分利用课堂教学、专题讲座、实践活动等多种渠道，增强法治教育的生动性和互动性，提高大学生参与的积极性和主动性。

法治教育还要注重培养大学生崇尚法治的价值追求和道德品质。法律的生命力在于实施，法律的权威源自人们发自内心的拥护。只有大学生真正将法治精神内化为价值理念、外化为自觉行动，法治教育才能达到预期效果。为此，高校法治教育既要加强法治理念的讲授，又要重视法治实践的养成。高校应通过组织学生参与立法、旁听庭审等社会实践活动，引导大学生在亲身体验中感悟法治的真谛，自觉履行法律义务、社会责任，成长为忠于宪法、遵守法律的社会主义合格公民。

高校法治教育事关国家长治久安与社会和谐稳定，肩负着为全面依法治国提供人才保障和智力贡献的重要使命。这就要求将法治教育纳入高校教育教学的全过程，与专业教育相互配合，形成全员、全过程、全方位育人的法治教育格局。同时，还要加强法治教育工作队伍和制度建设，为法治教育提供坚实保障。唯有如此，才能不断提升师生法治素养，促进高校治理体系和治理能力现代化，为国家法治建设作出应有贡献。

（四）心理健康教育

心理健康教育是高校思想政治教育的重要组成部分，对于提升大学生心理素质、促进其全面发展具有重要意义。大学阶段是世界观、人生观、价值观形成的关键时期，也是各种心理问题易发、多发的时期。面对学业压力、人际关系、情感问题等多重挑战，大学生的心理健康状况备受关注。开展有针对性、有实效性的心理健康教育，已经成为高校思想政治工作的迫切需求。心理健康教育要着眼于预防和发展并重，注重心理疾病防治和心理素质培养的双向促进。

一方面，要加强心理健康知识的普及，强化大学生心理健康意识，提高大学生心理调适能力。高校通过开设心理健康教育课程、举办专题讲座等形式，系统地向大学生传授心理学基本知识，帮助其正确认识自我，学会情绪管理，掌握自我调节的方法。同时，还要引导大学生树立积极乐观的人生态度，塑造健全的人格，增强抗挫和抗压能力。

另一方面，要建立完善的心理健康服务体系，为大学生提供及时、有效的心理咨询和危机干预。要配备专业的心理健康教育工作者，开通心理咨询热线，设立心理咨询室，为有需要的大学生提供个性化的心理辅导。对于出现心理问题苗头的大学生，要及时进行心理干预，避免问题恶化；对于已经患有心理疾病的大学生，要积极引导其接受治疗，帮助其尽快康复。还要加强与医疗机构的合作，为大学生提供专业的诊断和治疗服务。

四、高校思想政治教育的实施路径

（一）课堂教学

课堂教学是高校思想政治教育的主渠道和主阵地，在落实立德树人根本任务中发挥着不可替代的作用。当前，随着信息技术的快速发展和教育理念的不断更新，传统的思政课课堂教学模式已经难以适应新时代大学生成长成才的需要。因此，创新思政课课堂教学方法，提升教学质量和实效性，已经成为广大思政课教师的共识和努力方向。

要提升思政课课堂教学质量，首要任务是优化教学内容设计。思政课内容涉及马克思主义基本原理、中国特色社会主义理论、社会主义核心价值观等诸多方面，内容庞杂、理论性强。如何从浩如烟海的思政元素中提炼出精华，将其转化为大学生喜闻乐见、易于接受的教学内容，是摆在每位思政课教师面前的重要课题。对此，教师应深入研读经典著作，准确把握马克思主义中国化的最新理论成果，用习近平新时代中国特色社会主义思想铸魂育人。同时，教师还要关注大学生的认知特点和接受习惯，将高深的理论通过生动的案例、鲜活的语言娓娓道来，让大学生在潜移默化中接受思想政治教育，实现知行合一。

创新教学方式方法是提升思政课课堂教学质量的关键举措。长期以来，思政课课堂教学以教师讲授为主，学生被动接受居多，缺乏互动性和参与性，难以调动学生学习的主动性和积极性。为了突破这一局限，教师要积极探索启发式、探究式、讨论式等教学方法，引导大学生主动思考、积极发言、勇于质疑。例如，教师可以设置开放性的问题情境，组织大学生开展头脑风暴，激发思维碰撞和观点交锋；又如，教师可以开展翻转课堂教学，要求大学生课前完成指定任务，课上围绕重点难点问题展开研讨，在合作探究中领悟理论真谛。此外，在信息技术快速发展的今天，思政课教师还要善于运用现代教育技术手段优化教学，通过制作微课、慕课等数字资源，拓展课堂教学的时空边界，为大学生提供便捷、优质的学习体验。

健全科学合理的教学评估体系是保障思政课课堂教学质量的重要基础。教学评估不仅关乎大学生学业成绩的认定，更关系到思政课教书育人成效的检验。然而，当前思政课考核评估仍以终结性评估为主，偏重对大学生知识记忆和理解能力的考查，忽视了大学生综合素养和实践能力的培养。这种评估方式难以全面衡量大学生的思想道德素质和价值观念，无法真实反映思想政治教育的育人实效。因此，教师要加快构建过程性评估与终结性评估相结合的多元评估体系，将平时表现、课堂讨论、社会实践等纳入考核范围，引导大学生在实践磨砺中坚定理想信念、厚植爱国情怀。同时，学校要加大评估结果运用的力度，将思政课考核与评优评先、推优推免等挂钩，以正向激励促进大学生自觉践行社会主义核心价值观，争做德智体美劳全面发展的时代新人。

新时代呼唤高素质的社会主义建设者和接班人，思政课课堂教学肩负着培根铸魂、启智润心的重要使命。只有立足时代需求、把握教育规律、优化教学内容、创新教学方法、健全评估机制，才能不断提升思政课课堂教学的针对性和实效性，为大学生成长成才夯实基础。在全面推进思政课建设的进程中，广大思政课教师要不忘立德树人初心，牢记为党育人、为国育才使命，以更加昂扬的斗志和务实的作风投身思想政治教育事业，为培养担当民族复兴大任的时代新人贡献智慧和力量。

（二）校园文化建设

校园文化是高校办学理念、育人目标和管理特色的集中体现，是大学精神的重要载体。它不仅影响着大学生的世界观、人生观和价值观，还对高校人才培养质量和办学声誉产生深远影响。推进高校校园文化建设，营造积极向上、健康文明的育人环境，已经成为新时代加强和改进大学生思想政治教育的重要任务。

高校校园文化建设应以社会主义核心价值观为引领，以立德树人为根本任务，紧紧围绕大学生成长成才需求，不断丰富校园文化内涵。在物质文化建设方面，高校应加强校园环境规划和文化设施建设，营造整洁、优美、文明的校园环境。合理布局和利用图书馆、博物馆、体育馆等文化场所，为师生文化活动提供必要的物质条件。在制度文化建设方面，高校应健全校园管理制度体系，完善师生行为规范，培育优良校风学风。同时，高校要注重发挥教师的言传身教作用，引导大学生自觉遵守校规校纪，养成文明礼貌的行为习惯。在精神文化建设方面，高校应充分发掘和弘扬学校的历史传统、光荣校史，培育富有时代特色、彰显学校个性的精神风貌。高校还应组织开展形式多样的校园文化活动，如学术讲座、文体竞赛、社会实践等，以此陶冶大学生情操、丰富校园生活、提升人文素养。

把握时代脉搏、彰显时代精神是新时代高校校园文化建设的重要内涵。高校校园文化建设必须主动适应经济全球化、社会信息化发展大势，积极回应当代大学生成长成才需求，以改革创新精神不断注入新的时代元素。在内容上，高校校园文化建设应紧扣党的创新理论，将社会主义核心价值观融入校园文化之中，引导师生坚定"四个自信"、勇担民族复兴大任。在形式上，要善于运用新媒体、新技术，创新校园文化传播手段和话语方式，增强校园文化的感染力、凝聚力。同时，要主动对接经济社会发展需求，推动产教融合、科教结合，强化校园文化的应用导向和实践特色。只有不断满足师生日益增长的精神文化需求，彰显时代发展的新精神新风貌，校园文化建设才能焕发出勃勃生机。

加强大学生主体参与是深化高校校园文化建设的必由之路。大学生是校园文化的创造者和传承者，只有充分尊重大学生主体地位，鼓励大学生积极参与，校园文化建设才能获得源源不断的创新动力。一方面，高校要完善校园文化建设的组织管理体系，搭建大学生参与的制度化平台。例如，成立大学生文化社团联合会，支持大学生社团开展特色文化活动；吸纳大学生代表参与校园文化规划、设计和评价，倾听大学生意见建议。另一方面，要遵循大学生成长规律，创新校园文化育人载体和方式方法。针对大学生思想活跃、个性鲜明的特点，开展贴近学生、贴近生活、贴近实际的校园文化活动，如社会调查、志愿服务、创新创业等，引导大学生在实践中砥砺品格、增长才干。同时，发挥朋辈教育优势，发掘和培养大学生骨干，充分调动广大大学生参与校园文化建设的积极性和主动性。

新时代我国社会建设对高校校园文化建设提出了新的更高要求。高校必须以习近平新时代中国特色社会主义思想为指导，深入贯彻党的教育方针，落实立德树人根本任务，不断深化校园文化建设内涵，创新工作思路举措，把校园文化建设与学校中心工作紧密结合起来，与人才培养质量提升有机融合起来。唯有如此，才能不断增强校园文化建设的吸引力和感染力，为培养德智体美劳全面发展的社会主义建设者和接班人提供强大精神动力和文化支撑。

（三）社会实践活动

社会实践活动是高校思想政治教育的重要载体和有效途径。它通过组织大学生走出校园、深入社会，让其接触实际、了解国情民意，增强其社会责任感和使命感，培养其理论联系实际的学风和求真务实的作风。在社会实践中，大学生能够将课堂所学知识运用于实践，在实践中检验真理，从而获得直观体验和感性认识，加深对理论的理解和把握。

社会实践活动的形式多种多样，包括社会调查、生产劳动、志愿服务、公益活动等。通过参与这些活动，大学生能够切身体验不同群体的生活状况，感受改革开放和社会主义现代化建设的伟大成就，进而坚定"四个自信"。同时，在帮助他人、奉献社会的过程中，大学生能够获得自我教育、自我管理、自我服务的能力，促进自身全面发展。

当代大学生肩负着民族复兴的历史重任，需要在社会实践中接受锻炼、增长才干。高校要把社会实践活动作为大学生成长成才的重要途径，纳入人才培养全过程，使其与理论学习、校园文化等相互融合、相得益彰。只有立足时代要求、把握育人规律、强化实践育人，才能不断提高思想政治教育的针对性和实效性，培养担当民族复兴大任的时代新人。

（四）网络思想政治教育

当前，网络思想政治教育已经成为高校思想政治工作的前沿阵地和主战场。面对错综复杂的网络环境，高校必须主动作为、勇于创新，在继承优良传统的基础上，不断拓展网络思想政治教育的时代内涵，丰富教育手段和方法，提升工作科学化、专业化水平。只有牢牢把握正确方向，构建起富有感染力、说服力、影响力的网络教育体系，才能引导大学生在纷繁芜杂的网络世界中明辨是非、固本培元，成长为担当民族复兴大任的时代新人。这既是网络思想政治教育的价值所在，又是实现立德树人根本任务的必然要求。

建设网络思想政治教育阵地是深化这项工作的关键。高校应充分利用新媒体平台，搭建起与大学生互动交流的网上主阵地。例如，可以在微博、微信、抖音等平台开设官方账号，及时发布权威信息，回应大学生关切，引导网络舆论。又如，可以依托学校网站、学生工作管理系统等开设网上主题教育专栏，开展形式多样的主题教育。通过网上网下同向发力、线上线下互为补充，高校思想政治教育工作才能做到入脑入心，形成全方位、多层次、宽领域的育人格局。

提升网络思想政治教育实效性是检验这项工作成败的标准。在教育实践中，要遵循网络传播规律，创新话语体系和表达方式，用大学生听得懂、听得进的语言讲述道理，用大学生看得见、找得着的事例阐释原理。在教育过程中，要坚持以学生为中心的理念，尊重大学生的主体地位，鼓励大学生参与互动、交流思想，引导大学生在网络空间践行社会主义核心价值观。在教育效果上，要建立科学的评估机制，及时了解大学生对网络教育内容的认可度、对教育方式的满意度，以及网络教育的参与度，不断改进并完善工作，提高教育的精准度和有效性。

第二节　新时代高校思想政治教育体系的创新与发展

新时代高校思想政治教育体系的创新与发展既是一个多维度、深层次的课题，又是一个系统工程，需要政府、高校、教师和社会各界的共同努力和协作。高校要不断创新教育内容、方法和评估体系等，推动思想政治教育的持续、健康和长效发展。

一、新时代高校思想政治教育体系的创新

（一）内容创新

1.更加丰富

新时代高校思想政治教育的内容不断扩展和丰富，涵盖了政治、经济、文化、社会等多个领域，旨在培养大学生全面的思政素养。

2.更具时代性

思想政治教育内容紧跟时代步伐，及时在其中融入新的社会热点和理论成果，如习近平新时代中国特色社会主义思想等，确保教育的时代性和前瞻性。

3.更有针对性

针对不同大学生的特点和需求，思想政治教育内容更加注重个性化和差异化，以满足大学生的多元发展需求。

（二）方法创新

1.互动式教学法

互动式教学法是一种以学生为中心，强调师生互动、生生互动的教学方式。它突破了传统的灌输式教学模式，注重激发学生的学习兴趣，调动学生的主动性和创造性，培养学生的批判性思维和问题解决能力。在高校思想政治教育中，互动式教学法的应用具有重要意义。

互动式教学法要求教师转变教学理念，树立以学生为主体的教学思想。教师不再是知识的权威和传播者，而是学生学习的组织者、引导者和合作者。教师要充分尊重大学生的个性特点和差异性需求，根据大学生的认知基础和接受能力，

设计富有吸引力和挑战性的教学内容。同时，教师还要为大学生提供广阔的探索空间，鼓励大学生自主思考、勇于质疑、敢于创新。只有这样，才能真正调动大学生参与互动的积极性，实现教学相长、共同进步。

在互动式教学的过程中，师生互动和生生互动是两种基本的互动形式。师生互动强调教师与学生之间平等、民主的交流与对话。教师要善于倾听大学生的心声，了解大学生的思想动态，及时回应大学生的疑惑与困惑。通过启发诱导、探究讨论等方式，教师引导大学生主动思考问题，表达自己的观点看法。在这一过程中，大学生不仅能够深化对知识的理解，还能锻炼语言表达、逻辑思维等关键能力。生生互动则强调学生之间的协作与交流。教师可以采用小组合作学习、角色扮演、辩论赛等方式，为大学生搭建互动平台。在同伴之间的讨论与交锋中，大学生能够相互启发、相互促进，通过集体智慧碰撞出思想的火花。这不仅有助于拓宽大学生的认知视野，还能培养大学生的团队意识和协作精神。

在思想政治教育领域，互动式教学法与课程内容具有天然的契合性。思政课涉及哲学、政治学、法学、经济学等多个学科领域，知识体系复杂，理论抽象程度高。如果教师只是生硬地灌输这些知识，学生很容易产生抵触情绪，理解和内化也难以到位，而互动式教学法恰恰能化解这一矛盾。创设问题情境，引导大学生运用马克思主义基本原理分析现实问题；组织课堂讨论，引导大学生针对社会热点进行理性思辨；开展社会实践，引导大学生在社会实践中坚定理想信念。在互动与探究的过程中，大学生能够将理论与实践相结合，在潜移默化中提升思想认识，坚定理想信念。

互动式教学法是新时代高校思想政治教育创新发展的必由之路。它顺应了教育教学规律，契合了思政课特点，有利于实现知识传授与价值引领的有机统一。在今后的教学实践中，广大思政课教师要进一步解放思想，勇于改革创新，在互动中启迪大学生智慧，在探究中引领大学生成长，不断开创思想政治教育工作新局面，为立德树人根本任务的实现贡献智慧和力量。

2. 项目式学习

项目式学习是一种创新的教学方式，旨在突破传统的知识灌输模式，培养学生的创新精神和实践能力。这种学习方式强调以学生为中心，以项目为载体，通过学生主动探究、合作学习来实现知识与技能的内化。在思想政治教育领域，项目式学习的引入具有重要意义，它有助于将抽象的理论知识与鲜活的现实生活相结合，增强教学的针对性和实效性。

在项目式学习中，教师首先要精心设计项目主题，选取那些与大学生生活密切相关、具有现实意义的问题作为切入点。这些问题可以是校园生活中的热点事件，也可以是社会发展中的重大议题，关键是要激发大学生的兴趣和好奇心，调动其主动探究的积极性。同时，项目主题还应具有一定的开放性和挑战性，为大学生提供发挥创造力的空间。

在项目实施过程中，教师要充分尊重学生的主体地位，鼓励其自主设计研究方案，开展调查访问、资料收集等活动。在这一过程中，学生不仅能够深化对理论知识的理解，更能锻炼独立思考、团队协作、沟通表达等关键能力。教师则应转变角色定位，从传统的知识传授者转变为学习引导者，为学生提供必要的指导和帮助，建立民主、平等、互信的师生关系。

项目式学习还注重学以致用，强调将学习成果运用到实践中去。大学生可以通过制作展板、撰写报告、开展主题演讲等多种形式，展示自己的研究成果。这不仅能够增强大学生的成就感和自信心，更能促进其综合素质的提升。同时，优秀的项目成果还可以在更大范围内进行推广和应用，为解决现实问题贡献智慧和力量。

3. 体验式教学法

体验式教学法是一种以学生为中心、注重实践和反思的教学方式。它强调学生在真实情境中通过亲身体验获得知识和技能，培养综合素质和创新能力。这种教学方法不仅能够激发学生的学习兴趣，调动其主动性和创造性，更能促进其全面发展，为未来学习和工作奠定坚实基础。

从知识层面来看，体验式教学法有助于加深大学生对理论知识的理解和掌握。通过设计富有挑战性和探究性的体验活动，教师能够引导大学生在实践中发现问题、分析问题、解决问题，构建起完整的知识体系。例如，在教授市场营销相关知识时，教师可以组织大学生模拟创业项目，让其亲身体验市场调研、产品设计、营销策划等环节。在这一过程中，大学生不仅能够更深入地理解相关理论知识，还能学会灵活运用知识解决实际问题。

从能力层面来看，体验式教学法是培养大学生实践能力和创新能力的有效途径。在体验活动中，大学生需要运用所学知识制订方案、组织实施、评估反思，这对其逻辑思维、团队协作、沟通表达等关键能力的提升都具有重要价值。同时，开放性的体验项目还能激发大学生的创造力，鼓励其打破常规、勇于尝试，形成敢于创新的思维品质。例如，在教授工程设计类课程时，教师可以采用项目式教学法，要求大学生根据实际需求自主设计方案、制作产品原型。这不仅能锻炼大学生的动手能力，更能培养其独立思考、敢于创新的思维品质。

从情感态度层面来看，体验式教学法有利于塑造大学生积极向上的价值观念和健全的人格品质。在体验活动中，大学生常常需要与他人密切配合、共同完成任务，这有助于增强其集体意识、责任意识，培养团结协作的品德。在设计、实施方案的过程中，大学生能锻炼毅力、磨砺意志，培养坚持不懈、迎难而上的可贵品质。此外，通过鼓励大学生反思总结、分享交流，体验式教学还能促进其形成开放包容、善于学习的心理品质。

体验式教学是新时代教育教学改革的重要方向。在信息技术飞速发展的今天，知识获取的途径日益多元，单纯的理论灌输已经难以满足大学生成长发展的需求。唯有从"以教为中心"转向"以学为中心"，通过生动、立体、开放的体验活动激发大学生兴趣、引导大学生参与，才能真正实现教学相长、提升教学质量。这不仅是提高人才培养水平的应有之义，更是全面贯彻党的教育方针、落实立德树人根本任务的必然要求。

（三）思想政治教育与信息技术的融合创新

1. 在线教育平台应用

在线教育平台的应用正在成为新时代高校思想政治教育创新的重要途径。随着信息技术的迅猛发展，传统的思想政治教育模式已难以完全适应"互联网+"时代大学生的学习需求和认知特点。因此，积极探索在线教育平台在思想政治教育中的应用、创新教育理念和方法，已成为提升思想政治教育质量和实效性的必然选择。

在线教育平台为思想政治教育提供了丰富多样的资源支持。通过网络平台，教师可以汇集海量的文本、图片、音视频等思想政治教育素材，并精心设计制作微课、慕课等在线课程，为大学生提供形式新颖、内容翔实的学习资源。大学生可以利用碎片化时间，根据自身需求选择感兴趣的主题，开展个性化、自主化的学习。与传统课堂相比，在线教育平台打破了时空限制，极大拓展了思想政治教育的时间和空间维度。

在线教育平台为思想政治教育创造了互动交流的便利条件。在网络空间中，师生之间、生生之间可以通过论坛、聊天室、即时通信等多种方式开展讨论交流，分享观点，碰撞思想。这种互动不仅能够促进师生之间、生生之间的情感联络，增进相互理解，而且有利于大学生在平等交流中深入思考、形成共识，内化思想政治教育内容。相比单向的灌输和说教，这种互动交流更符合当代大学生的心理特点，更容易被他们接受。

在线教育平台为思想政治教育提供了精准化、个性化的服务。基于大数据分析技术，在线教育平台能够深度挖掘大学生的学习行为数据，分析其学习特点、兴趣爱好、思想动态，从而为教师提供科学的决策依据。教师可以据此调整教学策略，制订个性化的教育方案，实现因材施教、精准教学。同时，在线教育平台还可以根据大学生的学习情况，智能推送相关资源，为其提供定制般的学习支持与服务。

深入推进在线教育平台在思想政治教育中的应用，需要教育工作者与技术专家的通力合作，需要传统教学与信息技术的深度融合，需要内容设计与平台开发的精准对接。只有不断探索、大胆实践、积极应对挑战，才能真正发挥在线教育平台的优势，提升思想政治教育的亲和力和针对性，培养德智体美劳全面发展的社会主义合格建设者和可靠接班人。这既是新时代赋予思想政治教育工作者的使命担当，也是推动思想政治教育事业创新发展的必然要求。

2. 大数据分析辅助

大数据分析为新时代高校思想政治教育工作提供了强大的技术支撑和创新路径。随着数字化时代的到来，高校师生日常学习、生活、交流的方式发生了深刻变革，海量的数据资源不断积累。这其中蕴含着丰富的思想动态、行为模式、价值取向等信息，对于准确把握大学生群体的特点、有针对性地开展思想政治教育工作具有重要价值。

传统的思想政治教育工作往往依靠教师个人的经验和感悟，对大学生的了解和分析还停留在表象层面；而大数据分析则能够通过数据挖掘、机器学习等技术手段，深入分析大学生在学习、生活、社交等方面的行为数据，发现他们思想观念、心理状态、价值追求的内在规律。这不仅有助于教师及时掌握大学生的思想动态和行为特点，做到心中有数，更能够揭示不同群体在意识形态、道德品质、法治观念等方面存在的普遍问题，为有针对性地制订教育方案、改进工作方法提供依据。

大数据分析还为思想政治教育效果评估提供了新思路。以往，教育成效评估往往局限于考试成绩、思想汇报等有限手段，难以全面、动态地反映大学生的思想状况和行为表现；而运用大数据分析则可以综合大学生在网络平台互动、校园活动参与、社会实践反馈等方面的数据，建立起多维度、动态化的评估模型。通过持续跟踪分析，教师既能及时发现思想政治教育工作的薄弱环节，又能总结推广行之有效的经验做法。

3. 虚拟现实技术应用

虚拟现实技术作为一种新兴的信息技术，在高校思想政治教育中的应用日益广泛。它通过构建逼真的虚拟场景，营造身临其境的体验感，能够有效增强思想政治教育的吸引力和感染力。借助虚拟现实技术，思想政治教育可以突破时空限制，将抽象的理论知识转化为生动直观的视听形象，激发大学生的学习兴趣和探索欲望。

在思政课教学中，教师可以利用虚拟现实技术设计各种沉浸式情境，引导大学生在虚拟场景中感悟理论知识的现实意义。例如，在学习中国革命史时，教师可以还原重大历史事件发生的时空背景，让大学生身临其境地体验革命先辈的斗争历程，感受他们的爱国情怀和奋斗精神。又如，在学习社会主义核心价值观时，教师可以创设与大学生生活密切相关的情境，引导大学生在角色扮演中加深对核心价值观的理解和认同。这种沉浸式的学习方式不仅能够提高大学生的学习兴趣和参与度，更能促进学生知行合一，实现其情感、态度、价值观的内化。

在思想政治教育实践活动中，虚拟现实技术同样大有可为。传统的实践活动往往受到时间、空间、安全等因素的制约，难以为大学生提供丰富多样的体验；而利用虚拟现实技术可以打破这些限制，创设各种虚拟实践情境，让大学生在其中接受教育、提高素质。例如，为加强国防教育，学校可以开发军事训练的虚拟仿真系统，让大学生在逼真的战场环境中感受军人的职责和使命；为增强法治意识，学校可以设计模拟法庭，组织大学生开展角色扮演，在法律实践中树立法治观念。这些虚拟实践活动不仅能够丰富校园文化生活，更能让大学生在亲身体验中获得情感熏陶，提升思想政治素养。

虚拟现实技术在思想政治教育中的运用尚处于探索阶段，仍面临诸多挑战。一方面，虚拟现实教学资源的开发需要较高的技术水平和资金投入，目前相关资源还比较匮乏；另一方面，部分教师对虚拟现实技术的认知和应用能力有待提高，教学效果的优化还需要一个过程。因此，高校在推进虚拟现实技术与思想政治教育融合时，既要加大资源建设力度，又要注重教师信息化教学能力的培养，在实践探索中不断总结经验、优化方法，提高教学效果。

二、新时代高校思想政治教育体系的发展

（一）教育资源的整合与发展

1.优质教育资源共享

优质教育资源共享在思想政治教育领域中扮演着至关重要的角色，它旨在通过高效利用和广泛传播优质教育资源，提升教育的整体质量和覆盖面。优质教育资源的共享主要具有以下价值。

首先，提高资源利用效率。共享机制可以避免教育资源的重复建设和浪费，实现资源的高效利用。这不仅有助于节约教育成本，还能确保更多大学生受益于高质量的教育资源。

其次，扩大教育覆盖面。优质教育资源的共享能够打破地域和学校的限制，使得偏远地区和资源匮乏学校的大学生也能接触到优质的思想政治教育内容。这有助于缩小教育差距，促进教育公平。

最后，提升教育质量。共享优质教育资源意味着大学生可以接触到更多元、更高水平的教学内容。这有助于激发大学生的学习兴趣，提升他们的学习效果和综合素质。

2.跨学科融合

跨学科融合是指将不同学科的知识、理论和方法相互结合，形成一种新的教学模式。在思想政治教育中，加强与其他学科的融合和渗透，如历史学、哲学、文学等，可以显著拓宽大学生的知识视野和思维广度。跨学科融合的重要性主要体现在以下方面。

首先，拓宽知识视野。通过跨学科融合，大学生可以接触到不同学科的知识和观点，从而拓宽知识视野。这有助于培养大学生的综合素质和批判性思维，使他们能够更全面地理解和分析社会问题。

其次，拓宽思维广度。跨学科融合可以引导大学生从不同角度思考问题，培养他们的跨学科思维方式和解决问题的能力。这有助于大学生在未来的学习和工作中更好地适应社会的发展和变化。

最后，提升教学效果。跨学科融合可以使思想政治教育更加生动有趣，从而激发大学生的学习兴趣和积极性。通过结合不同学科的知识和方法，教师可以设计出更具吸引力和感染力的教学方案，从而提高教学效果。

（二）教育队伍的建设与发展

1. 提升教师素养

加强思政课教师队伍的建设和培训，提高其政治素养、专业素养和教学能力，以更好地适应新时代的教学需求。

2. 鼓励教师创新

鼓励教师积极探索和创新教学方法和手段，如采用项目式学习、翻转课堂等新型教学模式，提高思想政治教育的实效性和吸引力。

（三）教育环境的优化与发展

1. 营造良好氛围

高校通过校园文化建设、学风建设等途径，营造良好的思想政治教育氛围和环境，让大学生在潜移默化中接受思想政治教育的熏陶和感染。

2. 加强社会实践

鼓励大学生积极参与社会实践和志愿服务等活动，将思想政治教育与社会实践相结合，增强其社会责任感和使命感。

第三节　新时代高校思想政治教育体系的实践应用

一、社会调查

社会调查作为一种重要的实践活动，在思想政治教育中发挥着独特而重要的作用。它不仅是课堂教学的有益补充，更是培养大学生实践能力、创新意识和社会责任感的有效途径。通过走出校园、深入社会，大学生能够亲身感受社会发展的脉搏，了解社会现实的方方面面，在与社会各界人士的交流互动中，锻炼自己的沟通表达能力、组织协调能力和问题解决能力。这种宝贵的社会实践经历将成为大学生成长发展的重要财富。

社会调查有利于加深大学生对思想政治理论知识的理解和认同。马克思主义理论体系博大精深，蕴含着丰富的哲学智慧和科学内涵，但如果脱离社会实际，这些理论就很容易被大学生视为抽象、枯燥的概念和原理，难以引起大学生的共鸣和认同。社会调查则为大学生提供了将理论与实践相结合的机会。通过亲身观察社会现象、收集第一手资料，大学生能够更加直观、深入地认识马克思主义理论的现实针对性和解释力。在调查过程中，大学生还能够发现社会发展中的新情况、新问题，这将促使其反思已有认知，主动学习新知识，从而实现理论学习与实践观察的良性互动，达到知行合一。

社会调查是引导大学生正确认识社会、理解国情的重要渠道。当代大学生大多成长于相对优越的环境中，对社会的认知难免存在片面性和局限性。通过参与社会调查，大学生能够接触社会的不同阶层和群体，了解他们的生活状态、思想动态和现实诉求。在与被调查者的交流中，大学生能够打破原有的认知框架，客观、全面地认识社会的复杂性和多样性。这不仅有助于矫正大学生的价值取向，引导其树立正确的世界观、人生观和价值观，更能激发大学生的家国情怀和社会责任感，增强其为强国建设、民族复兴而奋斗的决心和勇气。

高校思想政治教育要增强实效性和吸引力，必须突破课堂的局限，拓展教学的时空边界。社会调查作为联系课堂与社会的桥梁，承载着培养社会主义建设者和接班人的重要使命。在新的历史方位下，深入推进社会调查与思想政治教育的融合，创新实践教学模式，完善实践育人机制，对于高校落实立德树人根本任务，提升思想政治教育的针对性和实效性具有重要意义。这既是思政课教师的神圣职责，又是广大青年学子成长成才的现实需要。

二、志愿服务

志愿服务是大学生践行社会主义核心价值观、提升综合素质的重要途径。它不仅能够帮助大学生树立正确的世界观、人生观和价值观，培养其奉献精神和责任意识，还能促使其在服务他人、奉献社会的过程中实现自身价值，推动个人全面发展。因此，高校思想政治教育必须高度重视志愿服务活动的组织和引导，将其作为加强和改进大学生思想政治教育的重要抓手，切实发挥志愿服务在立德树人中的独特作用。

从育人的维度来看，志愿服务蕴含着丰富的思想政治教育资源。通过志愿服务，大学生能够深入基层、深入群众，在与服务对象的密切互动中感悟党的宗旨，领会习近平新时代中国特色社会主义思想的真谛。无论是支教助学、环保宣传，还是敬老助残、社区服务，都能让大学生在实践中坚定理想信念，厚植爱国情怀，砥砺品格修为。同时，志愿服务还能够拓宽大学生的社会视野。在志愿服务中，大学生往往需要走出校园、深入社会，了解国情民生，体验基层一线的酸甜苦辣。这些宝贵的经历能够教育引导大学生正确认识国家、社会、集体和个人的关系，自觉将个人理想融入党和国家的事业之中，在服务人民的奉献中书写别样的青春华章。

从能力培养的维度来看，志愿服务为大学生提供了锻炼能力、提升素质的广阔舞台。在志愿服务中，大学生需要运用所学知识和技能解决实际问题，这对其分析问题、解决问题的能力提出了更高要求。无论是组织协调、沟通交流，还是团队合作、应变创新，都是大学生在志愿服务中必须面对和解决的现实课题。通过亲身实践，大学生能够在服务中学习、在奉献中成长、在磨砺中提升。这种在实践中培养能力、锤炼品格的过程恰恰契合了社会主义建设者和接班人的成长规律，有利于大学生在真情实感中坚定理想信念，在化知识为力量中升华自我境界。

从实践育人的维度来看，志愿服务还能够推动思想政治教育实践化、生活化。志愿服务为思想政治教育提供了鲜活的实践载体，让大学生在生动具体的服务实践中感悟真理、坚定信仰。通过志愿服务，教师可以引导大学生将所学理论知识内化为价值追求，外化为实际行动，真正做到知行合一、学以致用。同时，大学生在志愿服务中的切身体验和感悟，又能够反哺课堂教学，为思政课提供生动鲜活的案例素材，增强教学的针对性和实效性。可以说，志愿服务与思想政治教育相互促进、相得益彰，共同服务于立德树人根本任务。

三、实习实践

实习实践是高校思想政治教育中不可或缺的重要环节，它为大学生提供了将理论知识应用于实际的宝贵机会，是培养其实践能力、创新精神和社会责任感的重要途径。在实习实践过程中，大学生走出校园、深入基层一线，通过亲身参与社会实践活动，了解国情民意，增强对党的基本理论、基本路线、基本纲领的理解和认同，坚定理想信念，磨炼意志品质。

具体来说，实习实践有助于深化大学生对马克思主义基本原理的理解。在实践中，大学生能够更加直观地认识唯物史观的科学性和真理性，深刻领会人民群众是历史的创造者这一基本原理。同时，通过观察社会现实、分析问题的症结所在，大学生能够更好地把握马克思主义的立场、观点和方法，学会运用科学的世界观和方法论分析问题、解决问题。这种理论联系实际的学习过程有利于提高大学生运用马克思主义基本原理解决实际问题的能力，使其成为具有较强实践能力和创新精神的高素质人才。

实习实践还是引导大学生深入基层、服务人民的重要平台。在实践中，大学生深入工厂、农村、社区等基层一线，通过调查走访、志愿服务等方式，切身感受人民群众的生产生活状况，了解他们的所思所想、所困所惑。在帮助群众解决实际困难的过程中，大学生能够真切体会到为人民服务的崇高价值，增强全心全意为人民服务的自觉性和坚定性。同时，大学生还能够在实践中锤炼意志品质，培养吃苦耐劳的作风，提高组织协调和人际交往能力，为将来更好地服务社会、回报人民奠定基础。

实习实践的有效开展需要高校、社会各界的共同努力。高校应精心设计实践活动方案，为大学生提供丰富多样的实践平台和机会。同时，高校还应加强与相关政府部门、企事业单位的沟通协调，争取社会各界对大学生实习实践工作的支持和配合。只有在高校和社会各界的通力合作下，实习实践才能真正发挥育人功效，为大学生的全面发展和健康成长提供坚实保障。

四、校园文化活动

校园文化活动是高校思想政治教育的重要载体和平台，在培养大学生综合素质、促进大学生全面发展方面发挥着不可替代的作用。校园文化活动形式多样、内容丰富，涵盖思想引领、学术科技、体育竞技、艺术修养等诸多方面，为大学生提供了广阔的成长空间和锻炼平台。通过积极参与校园文化活动，大学生不仅能够拓宽知识视野、陶冶情操、强健体魄，更能在活动中锻炼组织协调能力，培养团队合作精神，增强社会责任感和使命担当意识。

从思想引领的角度来看，校园文化活动是加强大学生思想政治教育的重要阵地。通过开展形式多样的主题教育，如党史学习教育、理想信念教育等，高校可以帮助大学生树立正确的世界观、人生观、价值观，坚定理想信念，增强"四个意识"，坚定"四个自信"。同时，校园文化活动还能引导大学生践行社会主义核心价值观，使其自觉将个人成长与国家发展、民族复兴相结合，培养大学生家国情怀和责任担当。

从学术科技的角度来看，校园文化活动是培养大学生创新精神和实践能力的重要途径。高校通过组织学术讲座、科技竞赛、创新创业大赛等活动，可以激发大学生的求知欲望和创新潜能，锻炼其分析问题、解决问题的能力。在参与学术科技类活动的过程中，大学生不仅能够拓宽专业视野、提升学术素养，更能培养严谨求实的科研态度和不懈探索的创新精神。这些宝贵的素质将为大学生未来的学习、工作和生活奠定坚实的基础。

从体育竞技的角度来看，校园文化活动是增强大学生体质、锤炼大学生意志品质的重要平台。体育运动不仅能够强健大学生体魄，增强其体质，更能培养大学生吃苦耐劳、勇于拼搏的意志品质。在体育竞技活动中，大学生需要接受艰苦的训练并付出巨大的努力，这一过程本身就是对意志品质的锻炼。同时，体育活动还能培养大学生公平竞争、团结协作的体育道德，增强其集体荣誉感。

从艺术修养的角度来看，校园文化活动是提升大学生审美情趣、陶冶高尚情操的重要载体。通过参加合唱比赛、书法大赛、美术展览等艺术类活动，大学生可以丰富自己的精神世界，提升自己的艺术鉴赏力和审美能力。在参与艺术活动的过程中，大学生能够感受到艺术的魅力，领悟艺术背后的人文内涵，从而提升自身的文化品位和人文素养。这些内在的精神财富将伴随大学生终身，成为其面对人生困境时的强大精神支柱。

校园文化活动还是加强师生交流、构建和谐校园的重要途径。在参与活动的过程中，师生之间能够打破身份界限，平等交流，增进感情。这种良性互动不仅能够拉近师生距离、提升教学质量，更能营造团结友爱、积极向上的校园氛围。和谐的校园环境会成为大学生健康成长的沃土，为其提供良好的发展空间。

第四章　新时代高校思想政治教育与其他学科的融合发展

第一节　新时代高校思想政治教育与其他学科融合发展的必要性

一、融合发展的背景

（一）大学生主体多样化

新时代高校思想政治教育面临着大学生主体日益多样化的现实挑战。随着社会的快速发展和教育事业的不断进步，大学生群体呈现出前所未有的多样化特征。他们来自不同的地域，拥有不同的文化背景，具有不同的个性特点、价值取向和行为方式。这种多样性一方面为高校思想政治教育注入了新的活力，另一方面也对教育教学提出了更高要求。

传统的思想政治教育模式往往较少关注个体差异，用一种标准化的方式对待所有学生。这种"一刀切"的做法显然已经不适应新时代大学生成长的需要。事实上，每一位大学生都是独特的个体，都有其独特的生活经历、认知方式和情感诉求。只有尊重大学生主体的多样化，满足其差异化、个性化的发展需求，思想政治教育才能真正发挥作用。

面对大学生主体多样化的挑战，高校思想政治教育必须树立以学生发展为本的教育理念。高校教育应该促进大学生全面而有个性的发展，帮助每一位大学生找到适合自己的成长道路。因此，思想政治教育要关注大学生的个体差异，针对不同大学生的特点和需求，设计个性化的教育方案。例如，对于学习基础薄弱的大学生，教师可以在课后给予其更多指导和帮助；而对于学有余力的大学生，则可以给予其更多探索创新的机会。只有因材施教、有的放矢，才能激发每一位大学生的潜能，实现高校人才培养目标。

（二）社会环境变化

高等教育面临着前所未有的机遇和挑战。随着科学技术的日新月异和社会经济的快速发展，高校不仅要适应时代的变化，更要引领时代的进步。这对高校思想政治教育提出了新的更高要求。思想政治教育必须主动适应社会发展大势，把握时代脉搏，在继承优良传统的基础上大胆改革创新，不断提高针对性、实效性和吸引力，才能更好地发挥立德树人、服务社会发展的重要作用。

当前，我国正处于以中国式现代化推进强国建设、民族复兴的关键时期。在这一历史进程中，高校肩负着为党和国家事业发展培养德智体美劳全面发展的社会主义建设者和接班人的重大使命。面对新形势新任务，高校思想政治教育必须准确把握社会发展趋势和时代特征，积极回应大学生成长发展需求，创新工作理念、内容、形式和方法，增强大学生的获得感、幸福感、安全感，引导他们树立远大理想、砥砺奋进品格、练就过硬本领、勇担时代重任。

从国际环境来看，当今世界正经历百年未有之大变局。新一轮科技革命和产业变革方兴未艾，国际力量对比深刻调整，存在不稳定、不确定因素。在此背景下，我国既面临难得的发展机遇，也面临严峻的风险挑战。这就要求高校思想政治教育必须增强忧患意识和风险意识，立足国内大局，放眼世界格局，引导大学生正确认识国际国内形势，坚定"四个自信"，做到"两个维护"，激发爱国主义情怀，厚植家国情怀，涵育为民初心。

从国内环境来看，改革开放和社会主义现代化建设取得举世瞩目的伟大成就，我国已由富起来走向强起来，正在走向更加富强。中国特色社会主义进入新时代，我国社会主要矛盾已经转化为人民日益增长的美好生活需要和不平衡不充分的发展之间的矛盾。人民群众对美好生活的向往更加强烈，对民主、法治、公平、正义、安全、环境等方面的要求日益增长。与此同时，一些地区、领域和行业尚未实现现代化，发展不平衡不充分问题依然存在。这就要求高校思想政治教育必须增强使命感和责任感，引导大学生培育和践行社会主义核心价值观，全面客观认识当代中国、看待外部世界，树立正确的历史观、民族观、国家观、文化观，坚定文化自信，传承中华优秀传统文化。

从思想文化环境来看，互联网、大数据、人工智能等现代信息技术广泛应用，新媒体新业态蓬勃发展，思想文化交流、交融、交锋更加频繁，各种思潮激荡。

西方敌对势力企图对我国进行西化、分化。境外敌对势力利用网络等各种媒介传播错误思潮，试图动摇我国大学生对中国特色社会主义的信心，诋毁社会主义核心价值观。这就要求高校思想政治教育必须增强阵地意识和斗争精神，加强阵地建设和管理，提高网络思想政治教育水平，推动思政课课堂教学和课外实践相结合，不断壮大主流思想舆论，以社会主义意识形态的优势战胜错误和腐朽思想文化的侵蚀。

不断变化的时代背景和社会环境为高校思想政治教育带来了新的机遇，同时也提出了新的挑战。只有准确把握时代特征，深刻认识面临的新形势新任务，积极创新工作理念、内容、形式和方法，高校思想政治教育才能有效应对各种风险挑战，更好地为立德树人、推动经济社会发展作出贡献。这是新时代赋予高校思想政治教育工作者的光荣使命，需要我们以强烈的历史主动精神和改革创新勇气，不断开拓进取、攻坚克难，用心、用情、用力做好新时代大学生思想政治教育工作，努力培养担当民族复兴大任的时代新人。

（三）教育资源有待均衡

资源是教育改革和发展的重要基础，优质的教育资源对提高教育质量、促进教育公平具有关键作用。然而，在我国现阶段的教育体系中，高等教育资源分配不均已成为影响教育事业健康发展的重要因素，这主要表现在以下几方面。

首先，各地区、各高校之间教育资源存在差距。由于我国区域经济发展不平衡，有些欠发达地区的高校存在师资短缺、设备陈旧、图书资料匮乏等问题，影响了教学质量和大学生的学习体验。即使在同一地区，由于历史积淀和办学条件的差异，不同高校的教育资源也呈现出不均衡性。

其次，高等教育资源分布不均衡制约了人才培养质量。我国高校数量虽然位居世界前列，但优质高等教育资源主要集中在少数"985工程"和"211工程"高校，这些学校汇聚了全国最优秀的师资力量和科研资源，在人才培养、科学研究等方面具有明显优势。相比之下，地方普通本科院校和高职高专院校在办学条件和教育质量上存在一定差距，不能很好满足区域经济社会发展对高层次人才的需求。同时，高等教育资源在学科专业上也有待均衡，理工农医类传统优势专业的资源配置相对充足，而人文社会科学类专业的投入则相对不足，影响了学科建设和人才培养的综合性、协调性。

最后，高等教育资源配置与市场需求脱节导致人才供给失衡。当前，我国高等教育在资源配置模式上有待改进，办学规模、专业设置、课程内容等不能很好地适应日新月异的市场变化。一方面，社会急需的工程技术、现代服务等领域人才供给不足；另一方面，一些传统专业和冷门专业人才供过于求。这种人才培养与市场需求的脱节，既造成了宝贵教育资源的浪费，又影响了大学生的职业发展和社会的可持续发展。

二、融合发展的现实需求

（一）提高教育质量

提高教育质量是高校思想政治教育与其他学科融合发展的现实需求。伴随着社会的快速变迁和知识经济的蓬勃发展，高等教育正面临前所未有的机遇和挑战。一方面，社会对创新型、复合型人才的需求日益迫切，对高校人才培养提出了更高要求；另一方面，传统的思想政治教育模式已不能很好地适应新时代大学生的成长需要，亟须创新理念和方法，提升教育教学质量。在此背景下，将思想政治教育与其他学科相融合、优化课程体系、改革教学模式已成为提高人才培养质量的必由之路。

思想政治教育与其他学科的融合有利于丰富教育内容和教学资源。长期以来，思想政治教育课程内容相对单一，重理论阐述而轻实践应用，难以引起大学生的兴趣；而通过与哲学、历史、文学、艺术等学科的交叉融合，思政课可以得到更为广泛的素材和更加多元的表现形式。例如，将中华优秀传统文化融入思想政治教育，不仅能够增强课程的人文底蕴，还能引导大学生从历史智慧中汲取思想养分、坚定文化自信。又如，将先进科学技术与思想政治教育相结合，利用大数据、人工智能等手段创新教学模式，能够极大提升教学吸引力和有效性。

学科融合有助于推动教学方式的变革，激发大学生学习的主动性和创造性。传统的思政课课堂多以教师讲授为主，学生被动接受知识，缺乏参与感和获得感；而在与其他学科融合的过程中，思想政治教育可以借鉴更加灵活多样的教学方法，调动大学生的多种感官，引导其主动思考和实践。例如，开展情境式、体验式教学，设计思政专题研讨、实践调研等活动，可以使大学生在亲身参与中加深对理论知识的理解和认同。再如，充分利用慕课、微课等信息化教学手段，可以使大学生突破时空限制，根据自身特点和需求安排学习进度，从而最大限度地发挥学习的主观能动性。

更为重要的是，思想政治教育与其他学科的融合能够促进大学生综合素质的提升，实现其全面发展。思想政治素质是大学生成长成才的关键，但仅靠思政课难以真正达成培养目标。只有将思想政治教育内容渗透到各学科教学中，贯穿于大学教育全过程，才能内化为大学生的价值追求和行为习惯。教师在专业课程中融入思政元素，引导大学生正确认识学科发展与社会进步的关系，树立服务国家、奉献社会的责任意识；在实验实践环节融入诚信、严谨等思政内容，帮助大学生养成科学求实的优秀品格；在第二课堂活动中融入集体主义、爱国主义教育，促进大学生身心健康、全面发展。

思想政治教育与其他学科的有机融合并非一蹴而就，还需要在实践探索中不断完善。一方面，高校要加强顶层设计，制订切实可行的融合发展规划，为思想政治教育创新提供制度保障；另一方面，思政课教师要主动加强与其他学科的沟通交流，掌握相关专业知识，不断提升教学能力。与此同时，各学科教师也要树立全员育人理念，在专业教学中积极挖掘和运用思想政治教育资源，形成协同育人合力。

（二）适应社会发展

高校思想政治教育与其他学科的融合发展已成为新时代教育改革的必然趋势和内在要求。随着社会的快速变迁和大学生需求的日益多样化，传统的单一化、封闭式的思想政治教育模式已难以适应时代发展的需要。只有主动融入其他学科、借鉴先进理念、整合优质教育资源，思想政治教育才能焕发出新的生机与活力。

思想政治教育与其他学科融合发展的根本目的在于提升教育教学质量，促进大学生全面发展。一方面，通过与哲学、历史、文学等人文社会科学的深度融合，思想政治教育能够拓宽知识视野、丰富教育内涵，为大学生提供更加全面系统的世界观、人生观和价值观引导。另一方面，通过与自然科学、工程技术等学科的跨界融合，思想政治教育能够紧跟时代步伐，把握前沿动态，引导大学生树立正确的科学精神和创新意识。这种多学科交叉融合不仅能够满足大学生成长成才的多元需求，更有利于培养具有家国情怀、全球视野、创新精神和实践能力的高素质人才。

推动思想政治教育与其他学科融合发展，需要系统设计、精心组织、协同推进。首先，要加强顶层设计，制定切实可行的政策措施，为跨学科融合发展提供制度保障。要在人才培养方案、课程体系、教学内容等方面进行全面系统的整合优化，形成富有成效的协同育人格局。其次，要强化师资队伍建设，提升教师的跨学科素养和教学能力。要大力开展教师培训，鼓励教师进行跨学科交流研讨，探索思想政治教育与其他学科融合的有效途径。最后，要深化教学模式改革，推动课程整合和资源共享。要积极开发跨学科融合课程，创新教学组织形式，充分利用现代信息技术手段，不断提高教学的针对性和实效性。

思想政治教育与其他学科的融合发展是一项复杂的系统工程，需要全校各方通力合作，久久为功。面对新时代高等教育改革发展的新形势、新任务，广大思想政治教育工作者要进一步解放思想、开拓创新、勇于担当，为推动思想政治教育与其他学科深度融合、促进大学生全面发展作出积极贡献。只有不断深化改革、创新发展，我国高校思想政治教育才能更好地肩负起立德树人的根本任务，为党和国家事业发展源源不断地输送合格建设者和可靠接班人。

（三）满足大学生成长需求

满足大学生成长需求是高校思想政治教育与其他学科融合发展的重要驱动力。当代大学生正处于世界观、人生观、价值观形成的关键时期，他们渴望全面发展，希望在知识、能力、品格等方面都能得到充分的培养和提升。然而，传统的思想政治教育模式往往过于注重理论灌输，缺乏与大学生专业学习、生活实践的有机结合，难以有效满足大学生日益多元的成长需求。

思想政治教育要真正发挥育人作用，必须紧密契合大学生成长需求，为其提供适切的引导和帮助。这就要求思政课教师主动深入了解大学生所思所想，关注其学习、生活中的困惑和问题。只有站在大学生立场，以开放、平等、理解的姿态与之沟通，才能拉近师生距离，增强思想政治教育的亲和力和针对性。同时，思政课教师还应积极学习其他学科知识，开阔学术视野，提升理论素养，增强引导大学生成长的专业能力。

思想政治教育主动适应信息技术发展、创新教育教学方式，是满足大学生成长需求的必由之路。当代大学生成长于数字化时代，他们思维活跃，善于运用新媒体获取知识、表达观点。思想政治教育要有效吸引大学生，必须主动在教学中融入信息技术，运用大学生喜闻乐见的方式开展教学。例如，教师可以利用微博、微信等新媒体平台，及时发布学习资源，解答大学生疑问；利用慕课、直播等形式，开展线上线下混合式教学；开发体验式、参与式教学项目，引导大学生在实践中感悟思想政治理论的深刻内涵。唯有创新方式，打破时空限制，思想政治教育才能走进大学生生活，满足其随时随地学习的需求。

推动思想政治教育与大学生发展相融合，关键在于营造良好的教育生态。高校各学科应树立"大思政课"理念，形成协同育人合力，共同为大学生成长搭建平台。高校应健全制度体系，鼓励跨学科交流合作，为思想政治教育创新提供政策保障；完善考评机制，将育人成效纳入教师绩效评估，调动其参与的积极性。同时，高校还应整合校内外资源，为思政课实践教学提供场地、经费等支持，为大学生实践能力培养创造条件。唯有如此，才能形成全员、全过程、全方位育人格局，为大学生健康成长创造良好环境。

新时代赋予高校思想政治教育新的历史使命，培养担当民族复兴大任的时代新人已经成为思想政治教育的核心任务。要完成这一任务，必须立足学生成长需求，创新教育理念，改进教学方式，推动思想政治教育与各学科融合发展。只有顺应新时代、新形势，主动作为、开拓创新，将思想政治教育落实落细、做实做新，才能切实增强教育吸引力、感染力，为大学生成长成才夯实思想基础，为民族复兴提供人才支撑。

三、融合发展的潜在优势

（一）资源整合效益

资源整合是深化高校思想政治教育与其他学科融合发展的关键路径之一。高校作为知识生产和传播的重要阵地，拥有丰富的教育资源，如师资力量、课程体系、教学设施等。然而，这些资源往往分散在不同的学科和部门，缺乏有效的整合和利用。这不仅造成了资源的浪费，也制约了思想政治教育的效果。因此，高校必须树立资源整合的理念，打破学科壁垒，优化资源配置，促进思想政治教育与其他学科的深度融合。

资源整合的首要任务是整合师资力量。思想政治教育工作的开展离不开高素质教师队伍的支撑，但目前有些高校存在思政课教师数量不足、结构不合理的问题，难以满足新时代思想政治教育的需求。因此，高校要建立健全思政课教师选聘、培养、考核机制，不断壮大教师队伍。同时，高校还要充分发挥其他学科教师在思想政治教育中的作用。通过开展教师互教互学等活动，鼓励不同学科教师交流合作，形成合力。这不仅能够丰富思政课的教学内容、提升教学质量，也有利于促进教师自身的思想政治素质提升。

资源整合的另一任务是整合课程资源。思政课是高校思想政治教育的主阵地、主渠道，所以教师必须充分挖掘其他学科蕴含的思想政治教育资源，将其有机融入教学之中。例如，在教授物理、化学等自然科学知识时，可以将辩证唯物主义世界观的教育融入教学之中；在讲授历史、文学等人文学科时，可以将爱国主义、革命传统教育融入教学之中；在进行工程技术训练时，可以将工匠精神、劳动教育融入教学之中；等等。通过学科知识与思想政治教育的有机结合，形成协同效应，实现润物无声、春风化雨的育人功效。

资源整合还要着眼于实践育人平台的构建。思想政治教育绝不能停留在口头上，而要在实践中内化于心、外化于行。因此，高校要整合校内外资源，搭建多样化的实践育人平台，引导大学生在亲身参与中接受教育、锤炼品格。例如，依托高校科研优势，组织大学生参与科学研究，培养理性思维和创新精神；依托高校服务社会的功能，组织大学生参与志愿服务、社会实践，培养奉献意识和责任担当；依托校企合作机制，组织大学生参与生产实习、就业见习，培养吃苦耐劳和遵纪守法的品质。多途径、多形式的实践育人能够拓宽思想政治教育的时空维度，增强吸引力和感染力。

（二）教学模式创新

教学模式创新是高校思想政治教育与其他学科融合发展的重要路径。传统的思政教学模式往往以教师为中心，注重理论知识的灌输，忽视了大学生的主体地位和实践能力的培养。这种模式难以适应新时代大学生的多样化需求，也无法充分调动其学习的主动性。因此，深化教学模式改革、探索思想政治教育与其他学科融合的新途径已经成为提升思想政治教育质量和效果的迫切要求。

首先，教学模式创新要立足大学生的认知特点和成长需要，遵循教育教学规律，优化课程内容设计。思想政治教育教学内容应紧密结合大学生专业学习和个人发展，增强针对性和实效性。教师要深入挖掘各学科蕴含的思想政治教育元素，将社会主义核心价值观、理想信念教育、法治教育等有机融入专业课教学之中。同时，教学内容还应体现时代性和前沿性，及时吸收哲学社会科学最新研究成果，把握思想理论发展脉络，引导大学生正确认识和分析社会现实问题。唯有如此，思想政治教育才能真正做到入脑入心，推动大学生知行合一、学以致用。

其次，教学模式创新要注重教学方法手段的多样化，激发大学生参与的积极性。要改变灌输式、说教式教学模式，广泛采用启发式、探究式、案例式等教学方法，注重运用现代信息技术手段，增强教学的直观性和生动性。例如，教师可以通过慕课、微课、虚拟仿真等形式，为大学生提供丰富的线上学习资源；又如，教师可以通过组织主题班会、专题讨论、社会实践等活动，搭建师生互动、生生互动的平台，引导大学生在体验、交流中进行价值观碰撞和思想升华。这些方法不仅能够调动大学生的参与热情，更能培养其独立思考、团队协作等关键能力。

再次，教学模式创新要重视实践育人环节，促进知行合一、学以致用。思想政治教育要真正发挥作用，必须深深扎根于青年学生的现实生活，帮助其将所学知识内化为正确的价值理念和道德品质，外化为自觉践行的社会责任和使命担当。为此，教师要积极拓展第二课堂，组织形式多样的社会实践活动，引导大学生走出校园、深入基层，在亲身参与中感悟国情民生、增长才干、砥砺品格。同时，要注重发挥校友资源和社会资源的育人功能，邀请杰出校友、优秀社会人士来校讲学，以真实鲜活的人生故事、宝贵的实践经验引领大学生成长。

最后，教学模式创新是一项系统工程，需要各学科协同配合、共同发力。一方面，思政课教师要主动走出去，深入其他学科调研，了解专业特点，把握育人契机；另一方面，专业课教师也要树立"课程思政"理念，挖掘所授课程的思想政治教育内涵，自觉承担起立德树人的责任。高校要在制度层面予以保障，完善教学管理和绩效考核机制，为教师开展教学模式创新提供切实支持。唯有如此，才能形成全员、全过程、全方位育人格局，实现思想政治教育与其他学科的深度融合。

（三）大学生综合素质提升

融合发展为大学生的全面发展提供了广阔空间和丰富资源。不同学科知识的交叉融合有助于拓宽大学生的知识视野，培养其多维度思考问题的能力。通过参与跨学科的项目学习和社会实践，大学生能够将课堂所学与现实生活相联系，在实践中加深对知识的理解和运用。这种学以致用的学习方式不仅能够激发大学生的学习兴趣和动力，更能锻炼其分析问题、解决问题的综合能力。

同时，思想政治教育与其他学科的融合发展也为加强大学生的思想道德修养、提升人文素养提供了有力抓手。教师通过将思想政治教育内容渗透到各学科教学中，引导大学生形成正确的世界观、人生观、价值观，培养其家国情怀和社会责任感。例如，在文学作品赏析中融入爱国主义教育，在历史事件探讨中强调民族精神传承，在科学实验中弘扬科学家精神，等等。这种润物无声的教育方式能够潜移默化地影响大学生的情感、态度和价值取向，实现全员、全过程、全方位育人。

学科融合发展对教师的专业能力和综合素质提出了更高要求。教师不仅要具备扎实的学科专业知识，还要广泛涉猎其他学科领域的知识，了解学科前沿动态，掌握先进教学理念和方法。只有不断加强自身学习，提升跨学科教学能力，教师才能更好地引导大学生开展融合性学习，帮助其建构起完整的知识体系和能力结构。

第二节　新时代高校思想政治教育与人文学科的融合

一、高校思想政治教育与文学的融合

（一）文学作品中的思想政治教育

文学作品蕴含着丰富的思想政治教育资源，是开展思想政治教育的重要载体。优秀的文学作品不仅反映了作家对社会现实的深刻洞察和人性的深切关怀，更承载着作家独特的价值观念和人生态度。这些思想内涵对于引导读者树立正确的世界观、人生观和价值观，培养高尚的道德情操和深厚的人文素养具有重要意义。

文学作品中的思想政治教育内容具有隐蔽性和间接性的特点。与显性的说教式教育不同，文学作品往往通过情节、人物、环境的描写，将思想内涵巧妙地融入艺术表现之中。这种润物细无声的教化方式更容易被读者接受，产生潜移默化的教育效果。同时，文学作品还能够以生动形象的方式展现复杂的人性世界和社会现实，引发读者对人生意义、社会责任等命题的思考。这种思考不仅有助于提升读者的认知水平，更能够激发其积极进取、奋发向上的精神力量。

在新时代背景下，深入挖掘文学作品中的思想政治教育资源，对于推进高校思想政治教育工作具有重要意义。一方面，教师可以精心选择富有思想内涵和艺术感染力的文学作品作为教学材料，引导大学生在阅读、欣赏的过程中，主动吸收作品中蕴含的爱国主义、集体主义、社会主义核心价值观等思想内容。另一方面，教师还可以组织大学生开展文学作品赏析、讨论、创作等活动，鼓励其在交流互动中碰撞思想火花，加深对作品思想内涵的理解和认同。这不仅能够拓宽思想政治教育的途径，提升教育教学的针对性和实效性，更能够激发大学生参与的积极性和主动性，实现内化于心、外化于行的育人目标。

文学作品是人类文明的瑰宝，蕴藏着丰富的思想智慧和道德力量。在新时代背景下，深入发掘文学作品中的思想政治教育资源，创新教育教学方式方法，对于落实立德树人根本任务，培养德智体美劳全面发展的社会主义建设者和接班人具有重要意义。这既是加强和改进高校思想政治教育工作的必然要求，又是推动中华优秀传统文化创造性转化、创新性发展的内在需要。高校思想政治教育工作者要立足时代需求，主动作为，不断提升文学素养和教育智慧，用文学的力量滋养大学生心灵，为以中国式现代化全面推进中华民族伟大复兴贡献智慧和力量。

（二）文学课程中的思想政治元素

文学课程蕴含着丰富的思想政治教育元素，对于培养大学生的家国情怀、人文素养和道德品质具有重要意义。文学作品以其独特的艺术魅力，生动形象地反映了不同时代的社会生活，折射出特定历史条件下人们的思想观念、价值取向和精神追求。通过文学课程的学习，大学生能够领略到中华民族优秀传统文化的精髓，感悟革命先辈的爱国主义情怀，理解社会主义核心价值观的内涵，从而树立正确的世界观、人生观和价值观。

文学作品中蕴含着丰富的人文精神和道德理念，如诚信、友善、勇敢、坚韧等美好品质，在文学作品中都能找到生动的体现。例如，鲁迅先生的《药》通过描绘华老栓悲惨的命运，揭示了长期的封建统治给人民造成的麻木和愚昧，彰显了作者反抗压迫、追求光明的进步思想。又如，郭沫若的组诗《女神》歌颂了青年一代为理想而奋斗的豪迈激情，表达了诗人追求民族独立、社会进步的远大理想。文学课堂可以成为弘扬社会主义核心价值观的重要阵地。教师可以有针对性地选取蕴含丰富思想内涵的文学篇目，引导大学生发掘其中蕴藏的道德理念，反思自身的言行举止，进而内化为自觉的道德追求和行为准则。例如，在教学鲁迅的《阿 Q 正传》时，教师可以引导大学生分析阿 Q 形象的复杂性，揭示"精神胜利法"的虚妄和麻痹性，进而反思现实生活中类似的行为表现，提高自身的道德修养和精神境界。

文学课程还能够帮助大学生形成家国情怀，培养爱国主义精神。许多优秀的文学作品都充满了作者对祖国的热爱之情、对民族的忠诚之心。例如，闻一多的《七子之歌》以慷慨悲壮的笔触，通过七个孩子的口吻，表达了对祖国母亲的深切思念和对回归的渴望，激发了民众的爱国情感。文学课堂可以成为传承红色基因、弘扬爱国主义精神的重要平台。教师可以选取体现爱国主义内涵的诗歌、散文等作品，引导大学生体会作品中蕴藏的家国情怀，感悟革命先烈的崇高品格，进而把个人理想融入民族复兴的宏伟事业之中。例如，在教学艾青的《我爱这土地》时，教师可以引导大学生分析诗歌的艺术特色，感受诗歌中饱含的对祖国的热爱之情，从而增强大学生的使命感和责任感，激励其投身于民族复兴的伟大实践中。

此外，文学课程还能够提升大学生的人文素养，培养其健全人格和审美情趣。优秀的文学作品往往以高尚的情操、深邃的哲思打动读者，给人以心灵的震撼和精神的启迪。例如，英国剧作家莎士比亚（Shakespeare）的悲剧《哈姆雷特》以复杂的人物形象和曲折的情节，展现了人性的复杂性和命运的不可捉摸，引发读者对人生意义的深刻思考；而印度诗人、哲学家泰戈尔（Tagore）的诗歌则以其哲理性和抒情性著称，其中蕴藏的人道主义思想和博大胸怀令人感佩。文学课程可以为大学生提供感悟人生、陶冶情操的机会。教师可以引导大学生体味作品的言外之意，反思人生的意义和价值，进而确立崇高的人生理想，培养高尚的道德情操。例如，在教学泰戈尔的诗歌时，教师可以引导大学生领会诗人的人文关怀，感受其笔下蕴藏的生命哲学和道德理想，进而启发大学生思考个体生命的尊严，树立仁爱的人生态度。

文学课程集知识性、思想性、艺术性于一身，有其独特的育人价值，能够综合培养学生的道德情感、审美情趣和人文素养，为大学生全面发展奠定重要基础。因此，在新时代思想政治教育中，我们要高度重视文学课程的思想政治教育功能，充分发掘其中的育人元素，将社会主义核心价值观融入文学作品的教学之中，使之成为立德树人的重要载体。

（三）文学与思想政治教育的互动

文学与思想政治教育的互动是一个引人深思的话题。文学作为人类情感体验和价值观念的载体，与思想政治教育存在着内在的联系。一方面，优秀的文学作品往往蕴含着丰富的思想内涵和道德启示，能够潜移默化地影响读者的价值取向和行为方式。另一方面，思想政治教育也需要借助文学的艺术魅力，以更加生动、形象的方式传递理念，唤起情感共鸣。因此，深入探讨文学与思想政治教育的互动机制，对于提升思想政治教育的亲和力和有效性具有重要意义。

从内容上看，文学与思想政治教育存在广泛的契合点。许多脍炙人口的文学经典，如《红楼梦》《雷雨》等，都蕴含着深刻的人生哲理和社会批判性内容。这些作品不仅展现了悲欢离合的人生百态，更揭示了个人命运与社会现实的复杂纠葛，引发读者对生命意义、社会正义等问题的思考。在思想政治教育中，教师可以选取这些富有思想性的文学篇章，引导大学生深入分析其蕴含的人生智慧和道德理念，加深其对社会主义核心价值观的理解和认同。同时，文学作品对人性的细腻刻画和情感体验的生动再现，也有助于培养大学生的情感认知能力和道德判断能力，促进其全面发展。

从方式上看，文学为思想政治教育提供了丰富多彩的表现形式。相比说教式的理论灌输，文学往往采用更加间接、隐喻的方式来传递思想。小说、诗歌、戏剧等不同文体以其独特的艺术语言和审美特质，营造出一个个鲜活的情境和人物形象，让读者在身临其境的体验中感悟人生真谛。这种方式能够有效激发大学生的阅读兴趣，降低思想政治教育的抽象性和枯燥感，拉近教育者与受教育者的距离。同时，文学也为思政课堂提供了丰富的教学素材。教师可以充分利用文学作品中的情节、人物、场景等元素，设计体验式、参与式的教学活动，引导大学生在互动交流中加深对作品主题的领悟，提升思想政治教育的针对性和实效性。

二、高校思想政治教育与历史学的融合

（一）历史事件中的思想政治教育

历史事件是思想政治教育的重要资源，其中蕴含着丰富的思想内涵和价值导向。将历史事件有机融入高校思想政治教育，对于增强教育的吸引力和感染力、提升教育的针对性和实效性具有重要意义。通过生动鲜活的历史故事，大学生能够更直观地认识历史发展规律，更深刻地理解马克思主义基本原理，形成正确的世界观、人生观和价值观。

在思想政治教育中合理运用历史事件，首先，要立足育人目标，精心遴选教育素材。教师应深入挖掘历史事件所蕴含的思想政治教育元素，选取那些与社会主义核心价值观相契合、与大学生成长需求相适应的历史片段，使之成为引导大学生树立崇高理想、陶冶高尚情操的重要载体。例如，在讲授党史时，教师可以选取一些感人肺腑的革命故事，如红军长征、抗战救亡等，引导大学生感悟革命先烈坚定的理想信念和无私奉献的精神，激发大学生爱国主义情感。

其次，要把握历史事件的本质内涵，准确阐释其思想价值。历史事件并非简单的过去，而是蕴含着丰富的哲学道理和思想内核。教师应透过历史事件的表象，深入分析其产生的历史背景、发展脉络和基本规律，揭示事件所反映的矛盾运动及其内在逻辑，帮助大学生辩证地看待历史，树立正确的历史观。例如，在讲述新民主主义革命时期的历史事件时，教师应引导大学生认识中国革命道路形成的历史必然性，理解马克思主义中国化的理论逻辑和实践逻辑，深化对中国共产党领导地位的认识。

最后，要创新历史事件的教学方式，提高大学生学习的主动性和参与度。历史事件的思想政治教育绝非简单的说教，而应成为师生平等交流、共同探讨的过程。教师可以运用案例教学、情境教学、讨论教学等多种方式，设计富有吸引力和感染力的教学环节，引导大学生在体验情境中感悟历史、在交流讨论中碰撞思想，主动建构起对历史事件的理性认知。同时，教师还可以引导大学生广泛阅读

革命回忆录、家书等原始史料，组织开展主题班会、演讲比赛、知识竞赛等实践活动，拓展历史事件教育的深度和广度。

历史是最好的教科书。高校思想政治教育要善于从历史中汲取智慧和力量，不断创新教育内容和方式，将历史赋予的精神财富转化为引领大学生成长发展的实践力量。只有立足育人本位、精心遴选历史素材、创新教学方式、注重结合现实，才能不断提升思想政治教育的针对性和实效性，推动思想政治教育不断迈上新台阶。这不仅是深化高校思想政治教育教学改革的现实需要，也是培养担当民族复兴大任的时代新人的内在要求。

（二）历史学课程中的思想政治内容

历史学课程与思想政治教育存在着天然的联系。作为人类社会发展进程的真实记录，历史见证了人类思想观念的发展变迁，蕴含着丰富的政治智慧和思想精髓。将思想政治教育有机融入历史学课程教学中，不仅有助于加深大学生对历史知识的理解，更能培养大学生正确的政治方向、坚定的理想信念、高尚的道德情操和深厚的文化底蕴。这对于落实立德树人根本任务，培养德智体美劳全面发展的社会主义建设者和接班人具有重要意义。

首先，在历史学课程中融入思想政治教育要注重历史典型人物和事件的价值引导。在教学中，教师应深入挖掘历史人物和事件所蕴含的爱国主义、集体主义、社会主义核心价值观等思想内涵，引导大学生树立正确的世界观、人生观和价值观。例如，在教授中国革命史时，教师可以生动讲述毛泽东、周恩来等革命先辈为民族解放、人民幸福而奋斗的感人事迹，引导大学生继承和发扬革命先烈的崇高精神。又如，在介绍中华文明发展历程时，教师可以重点阐释中华优秀传统文化的深刻内涵，引导大学生增强文化自信，坚定文化自觉。注重历史典型人物和事件的价值引导，不仅可以使大学生深化对历史知识的理解，更能使其在潜移默化中接受思想政治教育，提升思想政治素养。

其次，在历史学课程中融入思想政治教育还要注重历史规律的哲学升华。马克思主义哲学认为，历史发展呈现出一定的规律性。教师在讲授历史知识的同时，应引导大学生从纷繁复杂的历史现象中总结出一般规律，进而上升到哲学高度，达到思想认识的升华。例如，教师可以指导大学生比较中西方社会历史发展的异同，总结出社会基本矛盾是推动历史前进的根本动力，进而理解辩证唯物主义和历史唯物主义的基本原理。又如，教师可以引导大学生研究资本主义社会从自由竞争走向垄断的历史过程，认识社会化大生产和资本主义生产资料私有制之间的矛盾，进而深刻领会资本主义被社会主义代替的历史必然性。历史规律的哲学升华，不仅使大学生能够形成科学的历史观，还能使其树立正确的方法论，提高运用唯物史观分析问题、解决问题的能力。

最后，在历史学课程中融入思想政治教育还要注重历史前沿问题的思辨引导。在当今复杂多变的国际形势下，许多重大的现实问题都有着深刻的历史渊源。教师在讲授历史知识时，应适时引入这些前沿问题，引导大学生进行深入思考和辩证分析。例如，在讲授近代中国史时，教师可以设置"如何看待西方列强的侵略行径"这一问题，组织大学生结合所学知识展开讨论，引导大学生正确认识西方列强侵略的本质，反对单边主义、霸权主义、强权政治。又如，在介绍国际共产主义运动时，教师可以围绕"如何看待苏联解体的历史教训"这一问题组织研讨，引导大学生深刻认识党的领导核心地位的重要性，增强其对中国特色社会主义道路的信心。注重历史前沿问题的思辨引导，不仅能够提高历史课堂教学的针对性和实效性，更能培养大学生运用马克思主义立场、观点、方法分析问题的能力，提升大学生的思想政治素养。

（三）历史学与思想政治教育的结合

历史学与思想政治教育的结合，有其必然性和必要性。历史是人类社会发展的真实记录，蕴含着丰富的政治、经济、文化、社会生活等方面的内容。这些内容对于思想政治教育具有重要的价值，能够为思想政治教育提供生动、鲜活的教材。同时，历史也体现了社会发展的规律，揭示了人类社会前进的方向，这对于思想政治教育具有重要的指导意义。

从知识传授的角度来看，历史学可以为思想政治教育提供丰富的素材。历史上的重大事件、重要人物、典型案例等，都可以成为思想政治教育的生动案例。教师可以通过讲述这些历史故事，分析其中蕴含的道理，帮助大学生加深对马克思主义基本原理的理解，坚定理想信念。例如，在讲述中国革命历史时，教师可以重点分析长征、抗日战争等重大历史事件，帮助大学生了解中国共产党领导中国人民进行革命斗争的艰辛历程，理解中国共产党的初心和使命，增强"四个意识"、坚定"四个自信"。

从能力培养的角度来看，历史学可以帮助大学生提高思辨能力和论证能力。历史研究讲求史料实证，强调运用史料说话。在历史学课堂上，教师可以引导大学生运用史料分析历史事件、历史人物，鼓励大学生提出自己的观点，并运用史实进行论证。这一过程不仅能够提高大学生的历史学科素养，更能够锻炼大学生的逻辑思维能力，培养其理性分析问题的习惯。这些能力的提升，对于大学生树立正确的世界观、人生观、价值观具有重要意义。

从价值塑造的角度来看，历史学蕴含着丰富的思想政治教育资源。历史记录了人类社会的发展进步，也记录了历史人物的模范事迹。教师可以引导大学生学习英雄人物的崇高品质，将个人理想追求与国家、民族的前途命运紧密联系在一起。例如，在讲述"两弹一星"元勋邓稼先的事迹时，教师可以重点分析他"国家利益高于一切"的爱国情怀，激励大学生树立远大理想、刻苦学习、报效祖国。

当然，历史学与思想政治教育的结合，需要把握好尺度，注重方式方法。历史学课程教学不能简单地进行思想政治教育的"嫁接"，而应该在尊重历史学科教学规律的基础上，挖掘其思想政治教育功能。教师需要深入钻研历史知识和思想政治教育理论，不断提高自身的专业素养、思想政治素养和教育教学能力，在教学实践中探索行之有效的教学方法，不断增强历史学课堂的思想性、针对性和亲和力。

三、高校思想政治教育与哲学的融合

（一）哲学理论中的思想政治教育

哲学理论蕴含着丰富的思想政治教育资源，对于加强和改进高校思想政治教育工作具有重要意义。哲学作为人类思维的最高形式，旨在探究事物的本质、规律和人生意义，其所涉及的世界观、人生观、价值观等问题，与思想政治教育的核心内容高度契合。深入挖掘哲学理论中的思想政治教育元素，对于拓展教育内容、创新教育方法、提升教育实效都具有重要价值。

马克思主义哲学是高校思想政治教育的理论基础和指导思想。作为科学的世界观和方法论，马克思主义哲学揭示了人类社会发展的一般规律，阐明了人的本质和价值追求，为思想政治教育提供了根本遵循。例如，唯物辩证法的联系观点要求我们用发展的、全面的眼光看问题，这对于引导大学生正确认识复杂的社会现象、处理多元的价值观念冲突具有重要启示。又如，实践唯物主义强调主客体的辩证统一，主体性和社会性的辩证统一，这为加强大学生主体意识教育、引导其在实践中砥砺品格、锻炼能力提供了理论支撑。可见，将马克思主义哲学的立场、观点和方法贯穿于高校思想政治教育全过程，能够增强教育的科学性、系统性和实效性。

中国传统哲学思想也蕴藏着丰富的思想政治教育资源。儒家"修身、齐家、治国、平天下"的人生价值追求，道家"天人合一"的宇宙观和人生观，墨家"兼爱""非攻"的社会政治理想，法家"法治"的治国方略等，都对当代大学生的世界观、人生观和价值观塑造具有重要启迪意义。例如，儒家"修身"的思想可以引导大学生加强自身修养，提升道德品质；"齐家"的理念有助于培养大学生家国情怀，树立责任担当意识；"治国"的智慧能够启发大学生关注国计民生，积极参与社会实践；"平天下"的追求则彰显了儒家博大的理想主义情怀，能够激励当代青年勇担时代重任、奉献社会。总之，中国传统哲学思想博大精深、源远流长，其中所蕴含的人文精神和道德理念，对于坚定当代大学生的理想信念、涵育高尚品德、引领价值追求都具有重要作用。

西方哲学中也不乏可资借鉴的思想政治教育营养。古希腊哲学家苏格拉底（Socrates）"认识你自己"的智慧箴言，体现了人的自我反思意识和主体精神，这对于引导大学生加强自我教育、提升思想觉悟具有重要启示。古希腊哲学家柏拉图（Plato）的著作《理想国》所勾勒的"哲人王"理念，强调理性、智慧对于国家治理的重要性，这对于当代大学生培养理性思维、树立远大理想具有借鉴意义。古希腊哲学家亚里士多德（Aristotle）在其著作《尼各马可伦理学》中所阐发的中庸思想，主张行为要把握"过与不及之间的中道"，对于引导大学生树立正确的世界观、人生观、价值观，自觉遵循道德规范大有裨益。德国哲学家康德（Kant）"道德律令"的思想强调行为的无条件性，认为道德行为应该以"善意志"为依归，这对于加强大学生思想道德教育，引导其自觉履行道德义务、提升道德境界具有重要价值。总之，西方哲学的人本理念、理性主义及崇高的道德理想都可以为新时代加强和改进高校思想政治教育提供有益启示。

在借鉴哲学理论资源进行高校思想政治教育时，必须坚持马克思主义的指导地位，旗帜鲜明地运用马克思主义立场、观点和方法，对其他哲学思想进行科学的辨析和批判，取其精华，去其糟粕。只有立足马克思主义，才能真正发挥哲学理论的育人功能，帮助大学生树立正确的世界观、人生观、价值观，引导其健康成长、全面发展。同时，高校思想政治教育工作者还应立足时代、立足实际，紧密结合社会发展需要和大学生成长需求，创新教育内容和方式，不断增强哲学理论的说服力和感染力，使其真正成为大学生信仰的明灯、前行的力量。

（二）哲学课程中的思想政治探讨

哲学课程是大学思想政治教育的重要载体，在引导大学生形成科学世界观、人生观、价值观方面发挥着独特作用。哲学思想的深邃性、哲学探讨的批判性为思想政治教育注入了深厚的理论底蕴和鲜活的时代气息。深入挖掘哲学课程中的思想政治教育资源，创新教学内容和方法，对于大学生提升道德修养、培育家国情怀具有重要意义。

哲学课程蕴含着丰富的思想政治教育元素。马克思主义哲学以辩证唯物主义和历史唯物主义为基本立场、观点和方法，揭示了人类社会发展的一般规律，为思想政治教育提供了科学的世界观和方法论指导。中国传统哲学中的道德伦理思想，如儒家的"仁爱""礼乐"及道家的"清静无为"等，体现了中华民族的优秀道德传统和价值追求。西方哲学史上的人文主义思潮强调以人为中心，重视个体自由与尊严，对于培养大学生的主体意识和独立人格具有重要启发。这些哲学思想都为思想政治教育提供了丰富的理论资源和价值引领。

在哲学课程教学中融入思想政治教育，需要教师立足哲学学科特点，创新教学内容和方式。一方面，教师要深入挖掘教材中的思想政治教育元素，将其与哲学理论紧密结合，引导大学生在哲学思维的训练中提升道德修养。例如，在讲授西方哲学史时，教师可以重点分析启蒙运动中的民主、自由、平等思想，引导学生思考如何将这些思想应用于现实生活，树立正确的权利义务观念。又如，在讲授中国哲学时，教师可以结合儒家的"修身、齐家、治国、平天下"思想，引导大学生反思个人修养与家国情怀的关系，激发其爱国主义情感。

另一方面，教师要创新教学方法，充分调动大学生学习的主动性和参与性。可以采用互动式、探究式的教学模式，鼓励大学生通过讨论、辩论等方式主动探究哲学问题。例如，在讲授社会存在与社会意识的辩证关系时，教师可以组织大学生就"知行合一"展开讨论，引导大学生深刻领会主观能动性和客观规律性的关系，树立实践第一的观点。又如，在分析康德"实践理性优先"思想时，教师可以就"如何面对道德两难困境"组织大学生辩论，引导大学生在激烈的思想交锋中明晰是非曲直、坚定道德信念。这些互动探究的教学方式能够激发大学生的道德思考，使其内化道德认知，升华道德境界。

（三）哲学与思想政治教育的关系

哲学与思想政治教育之间存在着内在的逻辑关联，二者相互交融、相互促进，共同服务于立德树人的根本任务。从本质上看，哲学是思想政治教育的理论基础。哲学思考的对象是世界观和方法论问题，探讨人生观、价值观以及认识世界、改造世界的基本原理；而思想政治教育的核心就是对人的世界观、人生观、价值观的引导和塑造。可以说，没有哲学理论的指导，思想政治教育就失去了方向和灵魂。哲学为思想政治教育提供了基本的概念范畴、思维方式和方法论工具，使其能够围绕人的全面发展，开展针对性、系统性的教育教学活动。

　　同时，思想政治教育又是哲学走向现实、发挥作用的重要载体。哲学理论只有通过思想政治教育进入大学生的头脑，转化为内在信念和价值追求，才能真正发挥其指导实践、推动社会进步的作用。思想政治教育将哲学理论与大学生实际相结合，运用马克思主义立场、观点和方法分析解决大学生成长发展中遇到的实际问题，引导他们树立正确的世界观、人生观、价值观。在这个过程中，哲学理论得以生动鲜活地展现在大学生面前，为他们认识世界、改造世界提供了科学的思想武器。

　　由此可见，哲学和思想政治教育是相辅相成、不可分割的统一体。强化哲学理论对思想政治教育的指导，用哲学智慧启迪大学生心灵，是提升思想政治教育针对性和实效性的必然要求。思想政治教育工作者要自觉学习和运用哲学，提高开展思想政治教育工作的能力和水平，进而引导大学生学习哲学、掌握哲学，自觉运用哲学观点和方法分析问题、解决问题，树立科学的理想信念和崇高的精神追求。

　　在当代中国，马克思主义哲学作为我们党和国家的指导思想，与思想政治教育具有内在的一致性。思想政治教育必须以马克思主义哲学为指导，用辩证唯物主义和历史唯物主义的世界观和方法论武装头脑、指导实践、推动工作。要引导大学生树立科学的世界观和方法论，坚定中国特色社会主义理想信念，坚定道路自信、理论自信、制度自信、文化自信，成长为担当民族复兴大任的时代新人。

　　从现实来看，进一步推动哲学与思想政治教育的融合是适应新时代高等教育改革发展的必然要求。面对日益复杂的国内外形势和意识形态领域斗争，高校思想政治教育肩负着巩固马克思主义在意识形态领域指导地位、维护国家意识形态安全的重大责任。这就要求我们必须立足马克思主义哲学的立场、观点和方法，不断强化思想政治教育的思想自觉、理论自觉和行动自觉，切实增强针对性和实效性。

四、高校思想政治教育与社会学的融合

（一）社会现象中的思想政治教育

　　社会现象作为人类活动的集中反映，蕴含着丰富的思想政治教育资源。从社会现象中提炼思想政治教育元素，对于增强思想政治教育的针对性和实效性具有

重要意义。社会现象与思想政治教育的关系首先体现在社会现象的思想引领作用上。任何社会现象的产生都离不开一定的价值观念和思想理念的指引。积极向上、进步前沿的社会现象往往体现了先进的思想观点和价值追求，对社会成员的思想意识和行为方式产生着潜移默化的影响。反之，消极落后、不良低俗的社会现象则折射出错误观念和畸形价值观的危害。作为思想政治教育工作者，必须敏锐洞察各种社会现象背后隐含的思想动因，主动发掘其中蕴含的正面价值，引导大学生批判性地认识和吸收，用于塑造自己的世界观、人生观和价值观。

社会现象对思想政治教育的影响还体现在其鲜明的问题导向上。许多社会现象的出现，特别是一些负面的社会现象，往往反映出人们在现实生活中遇到的困惑和问题。这些问题可能源于个体成长过程中的思想认识偏差，也可能根植于社会发展进程中的结构性矛盾。思想政治教育必须紧密结合这些现实问题展开，帮助大学生透过纷繁复杂的社会现象把握本质，学会运用马克思主义立场、观点、方法分析和解决问题。只有聚焦社会现实问题进行教育，才能真正增强思想政治教育的实践针对性，实现理论与实际的紧密结合。

社会现象还可用于创设生动直观的教育情境，为思想政治教育提供鲜活的素材和载体。社会现象作为一种客观存在，相比抽象的理论阐述更易为大学生所感知和理解。将社会现象引入思想政治教育，有助于为课堂教学插上生活的翅膀，增强教学内容的吸引力和感染力。教师可以引导大学生走出课堂，走进社会，亲身接触各种现象，并感悟其背后的深刻意蕴。在社会现象的鲜活情境中，大学生的价值判断力和实践能力也能得到有效锻炼，进而内化为自觉的思想认识和行为品质。

社会现象与思想政治教育的关系是多维度、立体化的。在实际教学中，思想政治教育工作者要高度重视社会现象的教育价值，善于从纷繁复杂的现象中把握本质，发掘有益于大学生成长的思想政治教育资源；同时要创新教育方法手段，引导大学生主动认识、积极实践，将社会主义核心价值观内化于心、外化于行。高校思想政治教育只有主动适应新形势、新任务的要求，不断增强其亲和力和针对性，才能为大学生成长成才、实现全面发展提供坚实思想保障和强大精神动力，为以中国式现代化全面推进中华民族伟大复兴作出应有贡献。

（二）社会学课程中的思想政治分析

社会学课程与思想政治教育的结合是新时代高校教学改革的重要内容。社会学作为一门研究社会结构、社会关系和社会行为的学科，本身就蕴含着丰富的思想政治教育资源。教师将社会学课程与思想政治教育相结合，能够帮助大学生更全面、更深入地认识社会现实，培养其运用科学的思维方式分析和解决问题的能力，进而树立正确的世界观、人生观和价值观。

从知识传授的角度来看，社会学课程为思想政治教育提供了丰富的理论支撑。社会学理论探讨了社会的运行机制，揭示了个人与社会的辩证关系，阐释了社会变迁的一般规律。这些理论为大学生认识社会、理解人生奠定了坚实的学科基础。例如，结构功能主义理论强调社会是一个相互依存、相互影响的有机整体，个人只有在社会中才能实现自身价值。这一观点与"培育和践行社会主义核心价值观"的要求高度契合，为引导大学生增强社会责任感提供了理论依据。又如，冲突理论揭示了社会分化和利益冲突的客观存在，强调要合理调节各群体之间的矛盾，维护社会的公平正义。这一理论对于帮助大学生正确认识社会矛盾，学会化解矛盾、维护社会和谐稳定具有重要意义。

从能力培养的角度来看，社会学课程为思想政治教育实践提供了有效途径。社会学研究的核心是运用科学的方法观察社会、分析社会，这与思想政治教育强调培养大学生运用马克思主义立场、观点和方法分析问题、解决问题的要求不谋而合。在社会学课程教学中，教师可以引导大学生运用社会调查、数据分析等实证研究方法，深入社会一线开展调研实践，在亲身体验中加深对社会现实的认识，提高运用理论分析实际问题的能力。例如，在学习社会分层与流动理论时，教师可以指导大学生进行问卷调查或访谈，了解不同阶层的生活状况和发展诉求，分析社会分层的原因及其影响，探讨促进社会公平正义的对策。这一过程不仅能够帮助大学生将理论与实践相结合，提高综合分析能力，更能唤起其对社会问题的关注和思考，激发其投身社会主义建设的责任感和使命感。

从价值引领的角度来看，社会学课程为思想政治教育提供了生动鲜活的案例素材。社会学研究聚焦现实社会问题，涉及的领域十分广泛，包括社会分层、贫富差距、家庭、教育、就业等。这些问题都与当代大学生的生活密切相关，蕴含着丰富的教育价值。教师可以将这些社会现象作为思想政治教育的生动案例，引导大学生运用马克思主义立场、观点、方法进行分析，帮助其形成正确的价值判断和行为取向。例如，在分析校园贷问题时，教师可以引导大学生从社会学的视角探讨这一现象产生的社会根源，分析其对大学生群体乃至整个社会的影响，进而培养大学生的金融风险意识和理性消费观念。又如，在讨论就业歧视问题时，教师可以指导大学生剖析其背后的社会不公平现象，培养大学生的平等意识和法治精神，引导其自觉抵制就业歧视，维护自身合法权益。

（三）社会学与思想政治教育的联系

社会学与思想政治教育之间存在着内在的逻辑关联。作为研究社会生活、社会关系和社会发展规律的学科，社会学能够为思想政治教育提供丰富的理论资源和方法论指导。社会学理论有助于人们深化对社会现实问题的认识，洞察社会运行的内在机制，把握社会发展的总体趋势。这为思想政治教育把握时代脉搏、回应社会关切、引导社会思潮提供了重要参考。同时，社会学研究积累的大量经验数据和调查资料，也能够成为思想政治教育素材的重要来源，使教育内容更加鲜活生动、贴近实际。

从研究视角来看，社会学与思想政治教育有许多共通之处。社会学关注社会成员的价值观念、行为方式乃至整个社会的意识形态，这与思想政治教育旨在培养合格公民、引导价值取向的目标高度契合。两个学科都重视社会化过程对个体思想观念形成的影响，关注意识形态对社会秩序构建的作用。因此，将社会学的研究方法和分析框架引入思想政治教育，有助于拓宽教育视野、丰富教育内容、创新教育方式。

具体而言，社会学的一些理论流派和研究范式，能够为思想政治教育提供有益启示。例如，结构功能主义强调社会系统的和谐稳定，主张通过社会化塑造成员的价值观念，这与思想政治教育的目标不谋而合。冲突理论则揭示了社会各群体之间的利益分化和权力博弈，为思想政治教育剖析社会矛盾、化解社会冲突提供了理论视角。此外，社会学中的互动理论、常人方法论、社会网络分析等，也能为思想政治教育拓宽思路、改进方法。

从实践层面来看，社会学研究能够为思想政治教育活动的开展提供有力支撑。通过社会调查、深度访谈、参与式观察等田野作业，社会学能够深入了解不同社会群体的思想动态、价值诉求和行为特点，为思想政治教育制定针对性策略提供依据。同时，社会学视角下的问题分析和对策研究，能够为思想政治教育把握新情况、应对新问题提供智力支持。

我国正处于社会转型的关键时期，各种思潮交织，利益多元，价值观念分化。这对思想政治教育提出了新的挑战，亟须运用社会学智慧来应对。面对日益复杂的社会现实，思想政治教育必须立足社会生活，关注社会问题，深入分析背后的社会根源和结构性因素。只有充分吸收社会学的理论养分，借鉴社会学的研究方法，思想政治教育才能真正做到接地气、察民情、解民忧，更好地发挥引领社会思潮、凝聚社会共识的作用。

五、高校思想政治教育与艺术学的融合

（一）艺术作品中的思想政治教育

艺术作品蕴含着丰富的思想内涵和价值取向，在高校思想政治教育中发挥着不可替代的作用。艺术以其独特的表现形式和审美魅力，能够深刻影响受教育者的情感体验和价值认同，成为思想政治教育内容的重要载体。艺术作品所承载的思想性和艺术性相辅相成、相得益彰，为思想政治教育注入了鲜活的生命力。

从思想内容来看，优秀的艺术作品往往蕴含着深刻的人文思想和道德理念。这些作品或歌颂真善美，或批判假恶丑，通过生动的艺术形象传递出积极向上的价值取向。例如，音乐作品《黄河大合唱》以磅礴的气势，展现了中华民族不屈不挠、奋发图强的民族气节；美术作品《开国大典》则再现了新中国成立时庄严而激动人心的历史场景，凝聚着党和人民的革命理想和奋斗目标。这些蕴含着崇高思想的艺术经典，对于引导大学生树立正确的世界观、人生观和价值观具有重要的教育意义。

从情感体验来看，艺术作品以其丰富的表现手法和感染力能够打动人心、震撼灵魂。优秀的艺术作品能够引发受教育者强烈的情感共鸣，使其在潜移默化中接受作品所倡导的价值理念和道德情操。例如，电影《建国大业》通过再现新中国诞生的过程，唤起了当代大学生爱国主义情怀和对革命先辈的崇敬之情。艺术作品以其感染人心的艺术魅力，成为思想政治教育润物无声、春风化雨的有效途径。

从审美体验来看，艺术作品以其独特的艺术表现形式给人以美的享受和审美愉悦。在欣赏和体验优秀艺术作品的过程中，大学生的审美情趣、审美意识和鉴赏能力得到提升。同时，艺术审美还能引导大学生形成积极向上的生活态度和人格品质。艺术的真善美属性与思想政治教育的价值目标高度契合，是立德树人的重要手段。鉴赏优秀艺术作品，感受艺术大师高尚的人格魅力，能够帮助大学生确立崇高的道德理想和价值追求。例如，艺术大师徐悲鸿先生就将毕生精力奉献给了中国美术事业，他业精于勤的治学态度、爱国为民的奉献精神，都值得当代大学生学习。艺术教育引导大学生在艺术鉴赏中追求真善美，塑造高尚人格，有利于大学生实现全面发展、提升综合素质。

高校思想政治教育应该积极拥抱艺术，用艺术点亮大学生的心灵之光；要善于发掘艺术作品中蕴含的思想价值，以艺术的独特魅力引导大学生树立正确的世界观、人生观和价值观。艺术作品因其是思想性和艺术性的完美结合，成为高校

思想政治教育的重要载体和育人途径。高校思想政治教育要不断创新教育方式，用心用情做好艺术引领这篇大文章，进而提升立德树人的成效，培养担当民族复兴大任的时代新人。

（二）艺术课程中的思想政治表达

艺术课程作为高等学校教育的重要组成部分，在培养大学生审美情趣、陶冶学生情操、提升学生人文素养等方面发挥着不可替代的作用；但单纯进行艺术理论知识的传授和技能训练，并不能充分发挥艺术教育的育人功能。只有将思想政治教育有机融入艺术课程教学全过程，才能真正实现立德树人的根本任务，培养德智体美劳全面发展的社会主义建设者和接班人。

思想政治教育与艺术教育本就有着天然的契合性。一方面，艺术作品往往蕴含着丰富的思想内涵和价值取向，体现着一定的世界观、人生观、价值观。通过对优秀艺术作品的鉴赏和体悟，大学生能够在潜移默化中接受思想熏陶，加深对真善美的理解和追求。另一方面，艺术创作本身就是艺术家情感体验和思想认识的外化表达。鼓励大学生在艺术实践中进行主动思考和积极创造，有助于提升其思辨能力和价值判断力。因此，充分挖掘艺术课程中思想政治教育的元素，对于促进大学生全面发展具有重要意义。

在艺术理论教学中融入思想政治教育，需要教师立足课程特点，有意识、有针对性地选取蕴含思政内涵的教学内容。例如，在艺术史论类课程中，教师不仅要讲授各流派、各时期艺术创作的基本脉络和风格特征，更要引导大学生剖析艺术背后所反映的社会状况和时代精神，认识不同艺术样式所体现的价值取向。又如，在艺术鉴赏类课程中，教师应该选取思想性、艺术性俱佳的作品作为鉴赏对象，引导大学生在感受作品艺术魅力的同时，领悟其中所蕴含的人文情怀和精神追求。教师通过艺术理论教学与思政内容的有机结合，能够帮助大学生形成正确的艺术观和价值观。

在艺术实践教学中融入思想政治教育，需要教师高度重视实践育人功能，创新实践教学模式。一方面，教师要精心设计实践教学内容，将思政元素融入实践项目之中。例如，在组织大学生创作主题艺术作品时，可以将中华优秀传统文化、革命文化、社会主义先进文化等作为创作主题，引导学生在艺术表现中传承和弘扬主流价值理念。又如，在开展艺术采风、写生等社会实践活动时，可以选择历史遗迹、红色基地等富有教育意义的场所，引导大学生在艺术创作中接受爱国主义、集体主义教育。另一方面，教师还应注重在实践过程中对大学生进行言传身教。教师应以高尚的道德情操和人格魅力感染大学生，在潜移默化中引导大学生坚定理想信念，砥砺意志品质。

评估考核是保障将思想政治教育融入艺术课程的重要环节。应建立科学合理的评估标准，将思想性和艺术性相统一，全面考查大学生的思想觉悟和专业素养。在成绩评定中，既要重视大学生的艺术创作和表现能力，又要关注其思想认识和道德品质的提升。综合运用平时考核、作品评估、实践表现等多种评估方式，客观全面地反映大学生的学习效果和成长进步。同时，将考核结果与奖助学金评定、推优入党等挂钩，激励大学生高度重视艺术课程的思想政治教育功能，使其自觉将专业学习与思想进步相结合。

要实现艺术课程与思想政治教育的有机融合，还需要加强课程思政的统筹协调和制度保障。一方面，高校要成立专门工作机构，制订完善的课程思政建设方案，不仅要为教师开展教学改革提供政策支持和经费保障，还要定期开展教师培训，提升其开展课程思政建设的意识和能力。另一方面，要建立健全课程思政的督导考核机制，将其纳入学校教学质量评估和教师绩效考核体系。对于课程思政建设成效突出的教师给予表彰和奖励，充分调动广大教师参与课程思政建设的积极性和创造性。

面对新时代赋予高等教育的崇高使命，将思想政治教育融入艺术课程已经是大势所趋。在艺术教学中贯彻立德树人根本任务，充分发挥艺术的育人功能，对于提升艺术人才培养质量、促进大学生全面发展具有重要意义。只有不断深化教育教学改革，创新人才培养模式，才能培养出德艺双馨、全面发展的高素质艺术人才，为社会主义文化繁荣和民族复兴贡献智慧和力量。这既是艺术教育工作者的神圣职责，又是新时代赋予他们的光荣使命。

（三）艺术与思想政治教育的融合

艺术作为一种独特的人类文化形式，与思想政治教育有着内在的联系。从本质上说，艺术是人类情感的外化和升华，是对现实生活的反映和超越；而思想政治教育则是通过一定的思想观念、政治观点来引导人的社会实践活动，其目的是提高人的思想道德素质和政治觉悟。虽然二者的表现形式不同，但都是为了塑造人、培养人，都是以人为中心、为人服务的社会活动。

在实践中，艺术与思想政治教育可以实现有机融合，相互促进。一方面，思想政治教育可以为艺术创作提供价值导向和精神动力。优秀的艺术作品往往蕴含着深刻的思想内涵，体现着特定的价值追求。这些思想内涵和价值追求很大程度上来源于艺术家所处时代的主流思潮和社会意识形态。因此，加强对艺术工作者的思想政治教育，引导他们树立正确的世界观、人生观、价值观，能够推动艺术创作不断走向深入，提升艺术作品的思想性和艺术性。另一方面，艺术也为思想政治教育提供了丰富、生动的载体和表现方式。相较于传统的理论灌输，富有感染力的艺术形式更容易打动人心，使人产生共鸣。优秀的文学作品、音乐作品、美术作品等，往往蕴藏着丰富的人文精神和道德力量，能够潜移默化地影响受众的情感和价值取向。将艺术融入思想政治教育，运用艺术手段传播主流价值观，能够拓宽教育渠道，提升教育实效。

在高校思想政治教育中，艺术的作用尤为重要。大学生正处于世界观、人生观、价值观形成的关键时期，是思想政治教育的重点对象。艺术教育的方式可以有效吸引大学生的注意力，激发其参与热情。高校可以通过开设艺术鉴赏课程、组织观影讨论、举办文艺演出等多种形式，引导大学生在艺术体验中接受思想熏陶、陶冶情操。与此同时，高校还应开展艺术类社团、社会实践等第二课堂活动，为大学生提供更多接触艺术、参与艺术创作的机会，在潜移默化中实现价值引领。

在推进艺术与思想政治教育融合的过程中，高校也要注意把握尺度，避免简单化和功利化倾向。高校要遵循艺术创作自身的发展规律，不能简单地将其当作思想政治教育的"工具"。生硬地向艺术作品注入思想政治内容，不仅会影响艺术表现的真实性和感染力，也会引起受众的反感，最终适得其反。因此，高校应充分尊重艺术的独特性和多样性，为师生营造宽松、自由的艺术氛围。只有让艺术焕发出内在生命力，才能最大限度地发挥其育人功能。

第三节　新时代高校思想政治教育与自然科学的融合

一、思想政治教育与科学思维的融合

（一）科学思维的特征

科学思维是人类认识世界、探索未知的重要工具。它以理性、客观、逻辑为基础，以严谨、求实、创新为特征，推动着人类文明的不断进步。在自然科学领域，科学思维更是一种必备的思维品质和素养。它不仅是大学生学习和掌握科学知识的前提，更是其未来从事科学研究、开展创新实践的基础。因此，在自然科学教学中渗透科学思维的培养，对于提升大学生的科学素养、促进其全面发展具有重要意义。

科学思维的首要特征是理性和客观。与其他思维相比，科学思维更加强调理性分析和客观判断。它要求人们摒弃主观臆断和先入为主的偏见，从客观事实出发，运用逻辑推理的方法认识事物的本质和规律。在自然科学教学中，教师应引导大学生树立理性思维的意识，养成客观分析问题的习惯。例如，在学习物理学时，教师可以设计一些与生活经验相悖的实验，引发大学生的认知冲突，促使其重新审视自己的认知，学会用科学的眼光观察世界、分析问题。又如，在进行化学实验时，教师应要求大学生如实记录实验数据，客观分析实验结果，不得随意更改或虚构数据以迎合自己的猜想。通过这些教学实践，大学生能真正领悟科学探究的精髓，逐步形成理性、务实的思维品质。

科学思维的另一个重要特征是逻辑严谨。科学研究离不开缜密的逻辑推理，每一个科学结论的得出都要经过严格的论证。这种严谨的逻辑思维是科学精神的集中体现，也是科学探究不可或缺的工具。在自然科学教学中，教师应注重培养大学生的逻辑思维能力。一方面，教师要在教学中渗透逻辑思维的训练，引导大学生学会运用归纳、演绎、类比等逻辑推理方法分析问题、解决问题。例如，在讲授生物学时，教师可以引导大学生归纳总结生物的共性特征，再运用演绎推理来解释生物的多样性；在讲授化学反应原理时，教师可以引导大学生类比已有的反应实例，预测并探索未知的反应规律。另一方面，教师还应加强学科内在逻辑关系的挖掘，帮助大学生构建起系统、完整的知识体系。只有在教学中不断强化逻辑思维的渗透和训练，才能提升大学生运用科学方法分析问题的能力。

科学思维还具有强烈的创新意识。科学发展的历史表明，每一次重大突破都源于科学家敢于突破传统桎梏、勇于开拓创新的进取精神。这种创新意识也是当代大学生必须具备的科学素养。在自然科学教学中，教师要积极营造宽松和谐的教学氛围，鼓励大学生大胆质疑、勇于创新。例如，面对大学生提出的新颖问题，教师不应简单否定或回避，而应耐心倾听、积极引导，帮助大学生深入探讨，激发其创新灵感。同时，教师还可以设计一些开放性的探究任务，鼓励学生提出不同假设；设计一些新颖的实验方案，培养其勇于开拓创新的科学精神。唯有在思维的撞击和灵感的激荡中，大学生的创新潜能才能得到释放和发展。

（二）思想政治教育与科学思维融合的路径

科学思维与思想政治教育的融合需要遵循一定的路径和规律。只有深刻理解两者各自的特点，精准把握结合点，才能实现有机融合，发挥协同效应。

从认识论的视角来看，科学思维以理性为基础，强调客观性、逻辑性和实证性。它追求对自然界的规律性认识，力图用严谨的概念、精准的语言来描述客观世界。思想政治教育则更加注重主观能动性，关注人的价值观念、道德情操、精神境界的塑造。二者在认识取向上存在差异，但并非对立。事实上，科学精神与人文情怀、理性思维与价值引领是相辅相成、不可偏废的。将科学思维引入思想政治教育，有助于增强教育内容的科学性和说服力，培养大学生理性思考、逻辑推理的能力。同时，思想政治教育也可以为科学思维提供价值导向，引导大学生正确认识和运用科学，强化其社会责任感和人文关怀。

从方法论的角度来看，科学思维讲求实事求是、精益求精，强调通过观察、实验、归纳等方法认识事物的本质和规律。这种求真务实的精神和严谨缜密的方法，对于提升思想政治教育的针对性和实效性具有重要启示。教师可以引导大学生运用科学的思维方式分析现实问题，用翔实的数据和严密的逻辑论证观点，以理服己、以理服人。同时，思想政治教育的方法也应注重启发诱导、言传身教，激发大学生的主体意识和参与热情。将二者的方法优势结合起来，能够增强教育的感染力和说服力。

从实践论的维度来看，科学思维重视理论与实践的结合，强调在实践中检验真理、发展认识。这一点与思想政治教育的要求不谋而合。思想政治工作要在改造客观世界的同时改造主观世界，要把科学思想观念转化为内在信念。这就要求教师引导大学生将所学知识内化为行动自觉，外化为实践能力，在解决实际问题中升华认识、坚定信念。在教学中，教师可以设计一些与自然科学相关的社会实践活动，如环保志愿服务、科普宣传等，引导大学生在实践中加深对科学精神和人文情怀的理解，增强"四个自信"。

科学思维与思想政治教育的融合不可能一蹴而就，而是一个长期而复杂的过程。它需要教育工作者不断探索、积累经验，在实践中完善路径、创新方法。同时，这一过程也离不开相关学科的支持和配合。只有加强学科交叉融合，促进不同学科在理念、内容、方法等层面的对话，才能为二者的融合提供坚实基础。

二、自然科学课程中的思想政治元素挖掘

（一）课程内容的思想政治元素

高校自然科学课程蕴含着丰富的思想政治教育资源，挖掘其中的思想政治元

素对于实现自然科学与思想政治教育的有机融合具有重要意义。从课程内容的角度来看，自然科学知识体系本身就蕴含着丰富的哲学思想和人文精神。例如，物理学中的相对论揭示了时空的本质；化学中的元素周期律体现了事物发展的规律性和必然性；生物学中的进化论揭示了生命的起源和发展历程，彰显了自然的神奇和生命的可贵。这些自然科学理论不仅拓宽了人们的科学视野，更塑造了理性思维和辩证思想，对人的世界观和人生观产生了深刻影响。

在教学过程中，教师应该充分挖掘这些内容中所蕴含的思想政治元素，引导大学生从哲学的高度理解和把握自然科学知识，培养其正确的自然观和科学精神。同时，许多自然科学家的治学态度和人格魅力也是宝贵的思想政治教育资源。教师应该在讲授科学家事迹的过程中，着重分析其背后所体现的爱国情怀、人文关怀和科学精神，激发大学生的家国意识和社会责任感，引领其树立远大理想和坚定信念。

自然科学课程还可以为加强生态文明教育、培养环保意识提供生动素材。环境污染、气候变化、资源枯竭等现实问题的产生，都与人类对自然规律认识不足、对科技力量运用不当密切相关。通过在自然科学课程中融入生态伦理和绿色发展理念，引导大学生正确认识人与自然的关系，树立尊重自然、顺应自然、保护自然的意识，形成绿色发展方式和生活方式，对于推进生态文明建设具有重要作用。总之，高校自然科学课程中蕴含着丰富的德育因子，涉及科学态度、人生观、价值观、生态意识等诸多方面。教师应以习近平新时代中国特色社会主义思想为指导，遵循自然科学教学规律和思想政治教育规律，创新教学内容和方法，在潜移默化中引导大学生坚定理想信念、厚植爱国情怀、加强品德修养、增长知识才干，实现自然科学知识传授与思想政治教育的有机统一，为培养德智体美劳全面发展的社会主义建设者和接班人贡献智慧和力量。

（二）教学案例的思想政治元素

在自然科学课程中挖掘思想政治教育元素，需要教师具备敏锐的洞察力和创新意识。一个优秀的教学案例不仅能够帮助大学生深入理解科学原理，更能引导其形成正确的世界观、人生观和价值观。教学案例的设计应立足学科特点，紧密结合大学生的认知水平和生活实际，通过创设生动的情境，激发大学生的学习兴趣和探究欲望。

化学实验课也是进行思想政治教育的大好时机。教师可以设计与食品安全、环境保护、能源利用等社会热点问题相关的实验项目，引导大学生运用化学知识分析现实问题，提出解决方案。例如，在进行食品添加剂检测实验时，教师可以引导大学生思考食品安全与民生福祉的关系，提高其珍爱生命、关注食品安全的责任意识。又如，在探究空气污染治理的化学原理时，教师可以组织大学生走进社区，调研大气污染的危害和治理措施，引导其树立保护环境、建设美丽中国的意识。

思想政治教育与自然科学教学并非毫不相干，而是可以相互补充、相得益彰的。教师要善于从学科内容中挖掘思想政治教育的契合点，精心设计融合德育和智育的教学案例。这些案例必须具备前瞻性、时代性和针对性，密切关注国家发展的重大战略，紧扣大学生成长的现实需求，引导大学生将个人理想融入时代的主旋律。只有不断创新教学方式、丰富教学内容、拓展教学空间，自然科学课程才能成为落实立德树人根本任务的重要载体，为培养德智体美劳全面发展的社会主义建设者和接班人贡献更大力量。

（三）课外活动的思想政治元素

课外活动是高校思想政治教育的重要载体和有效途径。它以丰富多彩的形式、生动活泼的内容、自由开放的氛围吸引和感染着广大大学生，在潜移默化中对大学生进行思想政治教育。课外活动蕴含着丰富的思想政治教育元素，是实现立德树人根本任务的重要阵地。

课外活动能够创设生动鲜活的育人情境，增强思想政治教育的吸引力和感染力。通过组织主题鲜明、内容丰富的课外活动，教育者可以将抽象的理论知识转化为大学生易于接受和内化的具体形象，引导大学生在活动中感悟真理、领会道理。例如，高校通过开展革命传统教育、先进典型宣讲等活动，能够使大学生直观地了解党的光辉历程，感受党的优良作风，增强对党的认同感。又如，高校通过组织志愿服务、社会实践等活动，能够使大学生在服务他人、奉献社会的过程中，培养高尚的道德情操和强烈的社会责任感。这些真实的体验远比枯燥的说教更能触及大学生的心灵，产生深刻而持久的教育效果。

课外活动有助于发掘和利用思想政治教育资源，拓宽教育渠道。高校蕴藏着丰富的思想政治教育资源，如校史校情、人文景观、校园文化等。这些资源因其鲜活生动、贴近大学生生活而具有独特的教育价值。高校通过开展寻访校史、探究校情的活动，能够使大学生深入了解学校的光荣传统和优良作风，增强大学生对学校的认同感和归属感。高校通过组织人文景观导览、校园文化体验等活动，能够使大学生感受到学校的文化底蕴和精神内涵，提升人文素养和审美情趣。高校充分利用这些隐性教育资源，可以弥补思政课的不足，形成全方位、立体化的教育合力。

课外活动能够促进思想政治教育与大学生自身发展相结合，增强教育的针对性和实效性。每个大学生都是独特的个体，有着不同的兴趣爱好、成长背景和发展需求。课外活动以其灵活多样的组织形式和丰富多彩的内容主题，能够满足大学生的个性化需求。教师可以根据大学生的特点和需求，有针对性地设计和开展课外活动，激发大学生的参与热情。例如，面向理工科学生开展科技创新、学术竞赛等活动，引导其在创新实践中提升专业素养；面向人文社会科学类学生开展高雅艺术进校园、经典诵读等活动，引导其在人文熏陶中提升综合素质。在活动中，教师还可以通过言传身教、交流互动，及时发现和解决大学生的思想困惑，做到因材施教、精准施教。这种个性化、互动式的教育模式大大提高了思想政治教育的针对性和实效性。

课外活动为思想政治教育注入了生机与活力，拓展了教育的时空维度。各种课外活动的开展，丰富了教育的内容和形式，使思想政治教育不再局限于特定的时间和场所，而是融入大学生学习、生活的方方面面。无论是节庆纪念、主题教育，还是社团活动、文体活动，都成为思想政治教育的生动课堂。在这个广阔的课堂上，教师与大学生平等交流、碰撞思想、启迪智慧，教育因此而焕发出勃勃生机。

三、科学实验与思想政治教育的互动

（一）科学实验设计中的思想政治教育

科学实验是培养大学生科学素养和创新能力的重要途径，在新时代背景下，如何在科学实验中渗透思想政治教育，已经成为教育工作者探索的重点。科学实验设计不仅要遵循自然科学学科的内在规律，更要立足时代要求，将社会主义核心价值观、爱国主义精神、科学精神等思想内容巧妙融入其中。

从知识层面来看，科学实验设计首先要紧密联系课程教学内容，选取能够反映自然科学重要概念、原理的实验项目。在实验过程中，教师要引导大学生深入理解自然科学原理在实际问题中的应用，感受自然科学的独特魅力。同时，科学实验设计还要注重拓宽大学生的视野，适当引入自然科学前沿问题和最新研究进展，激发大学生的好奇心和探究欲。

从能力层面来看，科学实验设计要着力培养大学生科学探究的关键能力。实验过程应当成为大学生提出问题、制订计划、动手操作、分析论证的舞台。教师要为大学生提供自主探究的空间，鼓励其大胆假设、勇敢质疑。在合作学习中，大学生不仅能够提升动手能力，还能锻炼表达沟通、团队合作等综合能力。这些能力的获得将为大学生未来成长奠定基石。例如，在"测量杨氏模量"实验中，教师可以设计开放性的探究任务，让大学生自行设计实验方案，通过小组合作完成测量，在交流讨论中得出结论。这一过程既考验了大学生的专业技能，又锻炼了其综合能力。

从价值观念层面来看，科学实验设计要注重培养大学生正确的世界观、人生观和价值观。科学实验蕴含着丰富的思想政治教育资源，教师要善于挖掘其中的价值内涵，引导大学生形成科学的认知方式和高尚的道德品质。

在科学实验设计中融入思想政治教育，是新时代高校教育改革的必然要求。它有助于提升科学实验教学的育人功能，培养大学生正确的世界观、人生观、价值观和高尚的品德情操，促进大学生全面发展。这既是党和国家对教育工作的殷切期望，又是广大高校教育工作者的神圣使命。在未来的教学实践中，我们要不断探索实验设计的新思路、新方法，将知识传授、能力培养、价值引领有机结合，不断提升科学实验教学的针对性、创新性和实效性，为培养德智体美劳全面发展的社会主义建设者和接班人作出应有贡献。

（二）实验过程中的思想政治教育

科学实验是大学生接受思想政治教育的重要载体，在实验过程中渗透思想政治教育，对于培养大学生正确的世界观、人生观、价值观具有重要意义。科学实验不仅能够帮助大学生巩固所学知识，提升动手操作能力，更能引导大学生培育科学精神，养成求真务实、勇于创新的品质。

在实验过程中，教师应积极引导大学生将所学理论知识与实践相结合，通过亲自动手、独立思考，加深对科学原理和规律的理解。同时，教师还要注重培养大学生严谨求实的科学态度、锲而不舍的探索精神。在遇到实验结果与预期不符时，教师要鼓励大学生勇于质疑、敢于创新，引导其通过反复实验、认真分析，找出问题所在，提出解决方案。这一过程不仅能够提升大学生的科研能力，更能磨炼其意志品质，培养其不畏艰难、坚持不懈的精神。

科学实验还为大学生提供了接受爱国主义教育的生动教材。许多科学实验都与国家发展息息相关，蕴含着科学家为国奉献的感人事迹。教师可以利用这些素材，向大学生讲述老一辈科学家的非凡业绩，讲述当代科学家潜心研究的感人故事，激发大学生的民族自豪感和爱国热情。通过参与实验，大学生能够更直观地感受到科技创新的不易，体会到科学家为国奋斗的高尚情怀。这无疑有助于增强大学生的使命担当，激励其立志报国、建功立业。

（三）实验结果的思想政治教育解读

科学实验是探索未知、发现真理的重要途径，它不仅能够检验理论的正确性，更能够为理论的发展提供新的思路和方向。在物理学领域，实验结果的思想政治教育解读对于培养大学生的科学素养和家国情怀具有重要意义。

物理实验所揭示的客观规律蕴含着丰富的思想内涵。牛顿力学实验展现了事物运动变化的普遍规律，引导大学生认识自然界和人类社会发展的内在联系，树立辩证唯物主义世界观。电磁感应实验则体现了否定之否定规律在科学发现中的作用，启发大学生用发展的眼光看待事物，以变革和创新的勇气投身社会实践。相对论实验则彰显了时空观念的革命性变化，促使大学生突破思维定式的桎梏，勇于挑战权威和传统。这些思想启迪有助于大学生形成正确的人生观和价值观，树立远大的理想和坚定的信念。

物理实验还蕴含着科学家的爱国情怀和为民情结，他们胸怀祖国、服务人民的崇高品格感召着一代又一代青年学子。今天，在向科技强国迈进的征程中，国家更需要大批具有家国情怀和使命担当的科技工作者。教师通过对物理实验结果的思想政治教育解读，能够使大学生深刻领会习近平总书记"科技兴则民族兴，科技强则国家强"的重要论断，把个人理想融入民族复兴的伟大梦想，把科学追求同国家前途命运紧密相连。

四、自然科学研究成果在思想政治教育中的运用

（一）自然科学研究成果的思想政治教育价值

自然科学研究成果蕴含着丰富的教育价值，对于推动思想政治教育与自然科学的融合发展具有重要意义。一方面，科研成果本身就是人类探索自然奥秘、认识世界规律的宝贵结晶，其所体现的求真务实、勇于创新的科学精神，对于培养大学生正确的世界观、人生观、价值观具有重要启示作用。通过介绍科学家的研究历程和重大发现，教师可以引导大学生树立远大理想，培养献身科学、服务国家的责任感和使命感。同时，许多科研成果还揭示了人与自然、人与社会、人与人之间错综复杂的辩证关系，蕴含着丰富的哲学思想。教师可以引导大学生从哲学的视角审视科学，思考科技进步对人类社会发展的深远影响，从而树立正确的科学观和社会发展观。

另一方面，将科研成果引入思政课，有助于增强教学的说服力和感染力。传统的思政课教学往往侧重于理论阐述，内容较为抽象晦涩，大学生难以产生情感共鸣；而一些重大科研成果，如"天问一号"探测器成功着陆火星、光量子计算原型机——"九章三号"研制成功等，都是国家科技实力和创新能力的集中体现，具有鲜明的时代特色。将这些"国之重器"融入教学，不仅能够增强大学生的民族自豪感和文化认同感，更能激发其爱国热情和报国之志。同时，一些前沿科研成果，如脑科学、基因工程、人工智能等，与大学生的学习、生活密切相关，极大地激发了他们的好奇心和求知欲。教师可以借助这些热点话题，引导大学生关注科技前沿，了解学科动态，拓宽知识视野，从而提升思政课的吸引力和感染力。

（二）自然科学研究成果的思想政治教育应用

自然科学研究成果在思想政治教育中的应用是一个值得深入探讨的话题。随着科学技术的飞速发展，自然科学的最新研究成果不断涌现，其中蕴含着丰富的思想政治教育资源。如何有效挖掘和利用这些资源，将其与思想政治教育有机结合，是新时代高校思想政治教育工作者面临的重要课题。

从知识层面来看，自然科学研究成果可以拓宽大学生的知识视野，启发其科学思维。很多自然科学的重大突破和发现都蕴含着深刻的哲学思考和人文内涵。例如，爱因斯坦的相对论不仅革新了人类对时空的认知，更体现出质疑权威、勇于创新的科学精神。又如，达尔文的进化论揭示了生物进化的基本规律，同时也引发人们对生命意义、人与自然关系的深入思考。将这些科学发现背后的思想内涵挖掘出来，融入思想政治教育，能够帮助大学生形成科学的世界观和方法论，提升其理性思辨能力。

从能力层面来看，自然科学研究成果可以培养大学生的创新意识和实践能力。科学研究本身就是一个不断质疑、探索、创新的过程。通过了解科学家的研究历程，大学生能够感悟科学探索的艰辛和乐趣，学会提出问题、分析问题、解决问题的基本方法。同时，很多自然科学研究都具有很强的实践性，需要通过实验、观察、分析等环节来验证假设、获取结论。教师将这些研究案例引入教学，组织大学生开展相关的实践活动，能够有效锻炼其动手操作能力、逻辑思维能力和团队协作能力，为其创新素养的养成奠定基础。

从价值层面来看，自然科学研究成果可以引领大学生树立正确的价值观。科学研究不仅追求真理，更倡导严谨求实的科研品格。很多科学家都以高度的社会责任感投身科研事业，矢志不渝地为人类进步而奋斗。他们的人格魅力和崇高精神，都可以成为思想政治教育的鲜活素材。教师通过讲述科学家的事迹，引导大学生感悟科学的崇高价值，领会为国为民、贡献社会的责任担当，从而使大学生树立正确的人生观和价值观。

需要注意的是，在应用自然科学研究成果进行思想政治教育时，教师要注重把握"度"的问题。一方面，要选取那些与大学生专业相关、与思想政治教育内容契合度高的科研成果，做到有的放矢、因材施教；另一方面，要将科学知识与人文精神有机融合，避免说教、灌输，真正实现润物无声、春风化雨的育人效果。

（三）自然科学研究成果在思想政治教育中的社会影响

自然科学研究成果对社会发展的影响是多方面、深远而持久的。这些成果不仅推动了科学技术的进步，还深刻地改变了人们的生活方式、思维模式和价值观念。

从物质生活的角度来看，自然科学研究成果的应用极大地提升了人们的生活品质。现代社会中，从衣食住行到医疗保健，从通信交通到能源开发，几乎每一个领域都有科学技术的身影。先进的农业技术确保了粮食的稳定供给，各种新材料的发明让衣着更加舒适多样，建筑工程的发展使得居住条件不断改善，交通运输的便捷缩短了时空距离，信息技术的普及让沟通交流更加高效，医学的进步则为人类健康保驾护航。科学技术的发展使人们摆脱了贫困与匮乏，享受到了前所未有的物质文明成果。

从精神生活的角度来看，自然科学研究成果也深刻影响着人们的世界观和价值观。科学的发展帮助人们认识到了宇宙的浩瀚与生命的可贵，宗教的神秘色彩逐渐褪去，理性思维方式日益盛行。进化论的提出改变了人们对自身起源的认知，相对论颠覆了人们对时空的传统理解，量子力学则展现了微观世界的奇妙。这些科学理论不仅拓宽了人们的视野，更启迪了哲学思考，催生了新的文化思潮。人们开始以更加开放、包容的心态看待世界，社会呈现出多元化、理性化的发展趋势。

从社会发展的角度来看，自然科学研究成果是推动社会进步的重要力量。科学技术的发展促进了生产力的提升，推动了经济的快速增长。工业革命以来，机器大规模应用于生产，人类社会进入了工业文明时代。而今，信息技术革命方兴未艾，数字经济蓬勃发展，人工智能、大数据、云计算等新技术不断涌现，引领社会迈向智能化时代。科技进步也为社会管理和公共服务带来了新的手段，智慧城市、在线教育等举措让发展成果惠及更多民众。同时，科学精神的弘扬有助于营造创新氛围，激发全社会的创造活力，为社会的可持续发展提供不竭动力。

第四节　新时代高校思想政治教育跨学科融合的实践案例

一、高校思想政治教育与心理学的融合案例

（一）心理健康教育

心理健康教育是高校思想政治教育与心理学融合的重要体现。它旨在通过心理健康知识的普及和心理辅导服务的提供，促进大学生心理健康水平的提升，帮助其正确认识自我，妥善处理各种情绪问题，塑造积极乐观的心理品质。这不仅有利于大学生个人的全面发展，更是维护校园和谐稳定、推动社会文明进步的必然要求。

在理论层面，心理健康教育与思想政治教育有着共同的育人目标，即促进大学生德智体美劳全面发展。两者都强调价值引领、行为养成和人格塑造，注重大学生世界观、人生观和价值观的形成。同时，两者又有各自的侧重点和特色。思想政治教育更加强调理想信念教育和爱国主义教育，引导大学生树立正确的政治方向和道德追求；而心理健康教育则更加关注大学生心理发展规律和个性特点，注重大学生自我认知能力和心理调适能力的培养。二者相互融合、相得益彰，为大学生健康成长提供了坚实保障。

在实践层面，高校应科学统筹、系统设计心理健康教育课程体系。一方面，要将心理健康教育纳入学校整体教育教学计划，开设必修或选修课程，确保课时数量和授课质量。授课内容应包括自我认知、人际交往、情绪管理、生涯规划等多个模块，并针对大学生实际需求进行及时更新和完善。另一方面，要充分发挥第一课堂和第二课堂的协同效应，鼓励大学生积极参与心理健康教育实践活动，如心理健康节、心理情景剧大赛、朋辈心理辅导等。通过亲身实践和体验，大学生能够更加直观地感受心理学原理在现实生活中的应用，内化心理健康知识，强化心理健康意识。

与此同时，加强心理健康教育队伍建设也至关重要。高校应根据学生人数和实际需求，配备足够数量的专业心理健康教育教师和心理咨询师。一方面要重视这些在职教师的继续教育和专业培训，定期组织其参加心理学学术会议、专题研讨等，提升其理论水平和实践能力。另一方面要积极引进校外优秀心理学人才，

为大学生提供更丰富、更深入的心理健康服务。只有建设一支政治素质过硬、业务能力精湛、富有爱心耐心的工作队伍，心理健康教育工作才能取得实效。

从更广泛的视角来看，心理健康教育不应仅局限于大学校园，而应树立大教育、大健康的理念。高校应主动与社区、医院、心理咨询机构等开展合作，整合校内外资源，建立协同育人机制。高校应鼓励大学生走出校园，参与社会实践和志愿服务，在实践中强化责任担当，升华情操品格。同时，高校还应面向社会开展心理健康宣传教育，普及心理健康知识，消除公众对心理疾病的偏见和歧视，营造关爱友善的社会氛围。只有构建全员、全过程、全方位的心理健康教育格局，才能使学校、家庭、社会形成合力，为大学生终身发展奠定良好的心理基础。

（二）心理辅导与咨询

高校思想政治教育工作者与心理学专业人员的合作，为实现全员、全过程、全方位育人提供了新的路径。心理辅导与咨询作为高校思想政治教育的重要补充，在促进大学生身心健康发展、提高思想政治教育实效性方面发挥着不可替代的作用。

在实践中，将心理学的理论知识和技术方法引入高校思想政治教育，可以帮助思想政治教育工作者更加全面、深入地理解大学生的心理特点和行为规律。通过借鉴心理学的个体差异理论、认知理论、人格理论等，思想政治教育工作者能够站在学生的立场设身处地理解其想法，把握其思想动态，"对症下药"，开展教育引导工作。同时，心理测评、心理咨询等技术手段的运用，可以帮助思想政治教育工作者准确诊断大学生思想问题的症结所在，制定科学的教育策略。

将心理学引入高校思想政治教育并非易事。它对思想政治教育工作者的专业素质提出了更高要求。思想政治教育工作者不仅要掌握扎实的马克思主义理论功底，还要具备一定的心理学知识和技能，学会运用科学方法解决实际问题。这就需要高校加强思想政治教育工作者的培训力度，注重理论学习与实践锻炼相结合，不断提升其教育教学能力。同时，高校还应搭建校内外合作平台，整合心理学专业资源，为思想政治教育提供智力支持和人才保障。

（三）心理素质提升

心理素质是个体心理品质的综合体现，涵盖了个体在认知、情感、意志、人格等方面的品质。良好的心理素质是大学生全面发展的重要基础，也是高校思想政治教育的重要内容。在高校思想政治教育与心理学相融合的过程中，提升大学生心理素质已成为教育工作者的共识和努力方向。

从认知层面来看，思想政治教育与心理学的融合有助于提高大学生的认知能力和思维品质。通过开设心理学相关课程，引导大学生掌握心理学的基本概念、原理和方法，教师能够帮助大学生更全面、更深入地认识自我，理解他人，把握人际关系的规律。同时，通过将心理学知识与思想政治理论相结合，教师还能引导大学生运用辩证思维、批判性思维等分析问题，提高其逻辑推理、独立思考的能力。这些认知能力的提升不仅有利于大学生更好地理解和内化思想政治教育的内容，也为其未来的学习、工作和生活奠定了坚实的心理基础。

从情感层面来看，思想政治教育与心理学的融合有利于培养大学生积极健康的情绪体验和情感态度。大学阶段是学生情感发展的关键期，他们面临着学业压力、人际关系、自我认同等多重挑战，情绪问题频发。通过心理健康教育，教师能够帮助大学生正确认识和管理自己的情绪，学会合理表达和疏导负面情绪。同时，教师将积极心理学的理念引入思想政治教育，鼓励大学生发掘自身优势，培养乐观、自信、坚韧等积极品质，能够显著提升其幸福感和生活满意度。良好的情绪状态和积极的人生态度不仅是大学生身心健康的表现，也是思想政治教育目标的应有之义。

从意志层面来看，思想政治教育与心理学的融合有利于锻造大学生顽强拼搏的意志品质。意志是人们自觉地确定目的，并为达到目的而自觉支配和控制自己行为的心理过程。在大学学习和生活中，大学生难免会遇到困难和挫折，需要坚定的意志力量予以支撑。通过心理学的训练方法，如目标设置、自我激励、压力管理等，教师能够帮助大学生增强自我效能感，提高抗挫折能力。将这些方法与思想政治教育中的理想信念教育、奋斗精神培育相结合，教师能够引导大学生树立远大理想，激发奋斗动力，砥砺意志品质。青年一代有理想、有本领、有担当，国家就有前途，民族就有希望。

从人格层面来看，思想政治教育与心理学的融合有利于塑造大学生健全的人格。人格是个体在成长过程中形成的相对稳定的行为模式和心理特征。健全的人格应具备自主、诚信、责任感、爱心等品质。马克思主义人格理论为人格培养提供了科学的世界观和方法论指导，而当代心理学的人格理论则从不同视角揭示了人格形成和发展的内在机制。将两者有机结合，教师能够引导大学生正确认识人性，把握个性发展规律，形成稳定、和谐、统一的人格结构。同时，通过心理辅导、团体辅导、行为训练等方式，教师能够帮助大学生强化自我认同，提高人际交往能力，塑造积极向上的品格。良好的人格品质既是思想政治教育的题中应有之义，又是学生适应社会发展、实现人生价值的内在要求。

二、高校思想政治教育与社会学的融合案例

（一）社会责任感培养

社会责任感是指个人或组织对社会整体利益和发展的关切意识和主动担当精神。它不仅体现在经济领域，还涵盖了社会、文化、生态等多个领域。培养大学生的社会责任感是高校思想政治教育的重要内容和育人目标。

当前，我国正处于全面建设社会主义现代化国家的关键阶段。实现中华民族伟大复兴的中国梦，需要一代代有理想、有本领、有担当的青年接续奋斗。高校肩负着培养德智体美劳全面发展的社会主义建设者和接班人的重任，必须高度重视大学生社会责任感的培养。

将社会学知识融入高校思想政治教育，能够帮助大学生深入认识社会责任感的内涵和意义。社会学理论强调，个人的行为选择和价值取向深受社会环境和人际互动的影响。每个人都处于复杂的社会关系网络之中，既是社会利益的享受者，又是社会责任的承担者。社会的进步和发展需要所有成员的共同参与和努力。

通过学习社会学相关理论，大学生能够更加全面地审视自我与社会的关系，深刻认识到个人利益与社会利益的辩证统一，树立正确的世界观、人生观和价值观。同时，社会学还为分析社会问题、解决社会矛盾提供了有力工具。教师引导大学生从社会学视角观察社会现象，能够提升其理性思考和批判性思维能力，增强其主动参与社会生活、履行社会责任的自觉性。

高校要充分发挥社会学学科优势，将理论学习与实践锻炼相结合，多维度、全方位地培养大学生社会责任感。要引导大学生站在国家和民族发展的高度，胸怀"国之大者"，自觉把个人理想融入国家和民族的伟大事业，在改造客观世界的同时不断提升自我、完善自我。要教育大学生崇尚公平正义，关心他人、关爱社会，学会换位思考、与人为善，成为有大爱大德的社会栋梁。

（二）社会实践活动

社会实践活动是高校思想政治教育与社会学有机融合的重要途径。通过积极组织并引导大学生参与各类社会实践，高校可以有效地将社会学理论知识转化为思想政治教育的生动案例和鲜活素材，增强教育的针对性和实效性。

社会实践是检验真理、深化认识的重要方式。马克思主义认为，实践是认识的基础，理论来源于实践又指导实践。对大学生而言，课堂学习固然重要，但如果脱离社会实际，就容易陷入空洞说教和"本本主义"。社会实践活动为大学生

提供了走向社会、了解国情民意的宝贵机会。通过亲身体验和切身感悟，大学生能够将所学社会学知识与现实生活相结合，加深对社会运行规律的理解，增强运用理论分析问题的能力。同时，学生在实践中也能发现理论知识的局限性，从而激发进一步学习和探索的动力。

社会实践活动是培养大学生社会责任感的重要平台。当代大学生肩负着民族复兴的历史重任，需要具备家国情怀和社会担当。这种高尚品质的养成既需要理论引领，又需要实践锻造。通过参与社会实践，大学生能够深入基层、服务大众，在为人民服务中树立正确的世界观、人生观、价值观。在帮扶孤寡老人、关爱留守儿童的过程中，大学生能够切身体会到社会主义核心价值观的真谛，感悟以人民为中心的发展思想的深刻内涵。在支教支农、科技下乡的实践中，大学生能够将专业所学回馈社会，在奉献中实现自身价值，养成实干担当的进取精神。

社会实践活动是提升大学生综合素质的重要途径。马克思主义认为，人的全面发展是社会发展的归宿和目的。高校思想政治教育的根本任务就是促进大学生德智体美劳全面发展，培养德才兼备的社会主义建设者和接班人，而社会实践活动为实现这一目标提供了广阔舞台。在社会调查、志愿服务、创新创业等实践中，大学生不仅能够将所学社会学知识运用到实处，锻炼科学思维和创新能力，还能提升组织协调、沟通交流等社会实践能力。在团队协作、攻坚克难的过程中，大学生的意志品质和人格魅力也能得到淬炼和提升。

高校要高度重视社会实践活动的独特育人功能，进一步加强顶层设计，完善工作机制，为大学生参与社会实践提供制度保障。要充分整合各方资源，搭建校地协同、产学研用联动的实践育人平台。要加强对实践过程的指导服务，引导大学生在实践中增强"四个意识"、坚定"四个自信"。要完善实践考核评估体系，将实践表现作为评优评先、推优选才的重要依据。只有不断深化社会实践育人模式改革，创新实践内容和方式，才能切实增强高校思想政治教育的吸引力和感染力，在潜移默化中引导大学生把论文写在祖国大地上，让青春在党和人民最需要的地方绽放绚丽之花。

（三）社会关系处理

社会关系处理是高校思想政治教育与社会学融合的重要案例之一。在大学阶段，学生面临着多样化的社会关系网络。如何在复杂的人际交往中找准自己的位置，建立和谐的人际关系，已经成为大学生成长发展的关键课题。将社会学的理论知识与思想政治教育相结合，有助于提升大学生社会关系处理的能力，促进其全面发展。

　　社会学为思想政治教育提供了丰富的理论资源。社会角色理论、社会交换理论、符号互动论等社会学理论，为理解个体在社会关系中的行为提供了独特视角。教师可以引导大学生运用这些理论分析自身在家庭、学校、社会中的角色定位，反思角色期望与角色表现之间的差距，明确角色责任和义务。同时，社会学还揭示了人际交往的一般规律，如互惠原则、印象管理策略等，对于指导大学生如何与他人建立良好关系具有重要启示作用。将这些理论融入思想政治教育，能够拓宽学生的视野，提升其观察、分析社会现象的能力。

　　在教学实践中，教师可以设计一系列融合社会学元素的教学活动，引导大学生在实践中提升社会关系处理能力。角色扮演是一种行之有效的教学方法。教师可以设计不同的人际交往情境，让大学生扮演不同的社会角色，体验角色互换的过程。在角色扮演中，大学生需要站在他人的立场思考问题，设身处地去理解他人的想法和感受，这有助于培养大学生的同理心和换位思考能力。同时，教师还可以组织主题讨论或辩论，引导大学生就人际交往中的问题展开深入探讨，如如何处理矛盾冲突、如何应对负面情绪等。在讨论过程中，大学生可以相互启发、集思广益，形成对问题的多角度、深层次认识。

　　案例教学也是将社会学知识转化为生动鲜活的教学内容的有效途径。教师可以选取典型案例，如校园欺凌事件、师生冲突等，引导大学生运用社会学理论和方法分析案情，探讨问题的成因和解决方案。案例分析不仅能够加深大学生对理论知识的理解，更能提升其运用知识分析、解决实际问题的能力。此外，通过剖析他人的人际交往得失，大学生还能总结经验、吸取教训，反思自身的行为模式，在今后的社会实践中更加智慧地处理人际关系。

　　社会关系处理能力的培养是一个循序渐进、潜移默化的过程。它不是一蹴而就的，需要大学生在日常人际交往实践中不断积累、反思、改进。因此，思想政治教育工作者要树立科学的教育观念，摒弃说教式、灌输式的教育方法，营造民主、平等、包容的育人环境；要充分尊重大学生的个体差异，因材施教，帮助每一位大学生找到适合自己的社交策略和方式。只有以学生为中心，关注学生的现实需求，思想政治教育才能真正落地生根，实现价值引领和能力培养的育人目标。

三、高校思想政治教育与经济学的融合案例

（一）经济意识教育

　　经济意识教育在高校思想政治教育中占据着重要地位，它对于大学生培养正

确的经济观念、提升经济素养、树立正确的人生价值取向具有不可替代的作用。在当前社会主义市场经济条件下，加强大学生经济意识教育显得尤为迫切和重要。

经济活动是人类社会生存和发展的基础。一个人能否形成科学的经济观念，掌握必要的经济知识和技能，不仅关乎个人的生活质量和发展前景，更关系到国家经济社会的繁荣稳定。当代大学生作为国家建设的生力军和社会主义事业的接班人，必须具备良好的经济意识和较高的经济素质。大学生只有树立正确的经济观，养成科学的消费习惯和理财方式，才能在激烈的社会竞争中立于不败之地，为国家经济建设贡献智慧和力量。

高校思想政治教育要把经济意识教育摆在突出位置，把培养大学生科学的经济观念作为重要任务。一方面，要在思政课教学中有机融入经济知识，讲清社会主义市场经济条件下个人利益与集体利益、当前利益与长远利益的辩证关系，引导大学生树立正确的价值取向。另一方面，要创新教育形式和方法，开展丰富多彩的实践活动，如模拟炒股、创业大赛等，提高经济意识教育的趣味性和实效性。

课堂教学只是经济意识教育的一个方面，更为重要的是引导大学生走向社会，在实践中强化经济意识。高校可以通过建立创业孵化基地、组织勤工俭学等形式，为大学生提供锻炼机会。通过亲身实践，大学生不仅可以掌握基本的经济技能，更能深刻认识经济活动的运行规律，养成勤俭节约、诚实守信的优良品质。此外，高校还应充分利用新媒体平台，加强经济知识的普及和价值观的引导，营造有利于经济意识养成的校园文化氛围。

（二）理财能力培养

在高校思想政治教育中，如何培养大学生的理财能力，已成为一个值得深入探讨的重要话题。理财能力是现代公民必备的基本素质之一，它不仅关乎个人的生活质量和发展前景，更影响着社会的稳定与进步。对大学生而言，理财能力的培养尤为紧迫和必要。

一方面，大学阶段是世界观、人生观、价值观形成的关键时期。这一时期的理财观念和行为习惯将深刻影响个人一生的财富管理状况。通过系统的理财教育，教师引导大学生树立正确的金钱观，养成良好的理财习惯，可以帮助其在未来的人生道路上稳健前行。

另一方面，当前大学生群体普遍存在理财意识淡薄、理财知识匮乏的问题。许多大学生对金融市场运作、投资风险管理等缺乏基本了解，容易受到不良理财信息的误导，陷入非法"校园贷"、非法集资等金融陷阱。开展理财教育，普及正确的理财知识，能够提升大学生的风险防范意识和自我保护能力。

针对大学生理财能力培养，高校思想政治教育大有可为。思政课可以将理财案例分析、情景模拟等融入教学环节，提高教学的趣味性和学生的参与度；高校可以开设理财选修课、举办理财讲座、邀请金融专家、优秀校友等传授理财经验；此外，高校还可以依托互联网平台，建设在线理财教育资源库，实现优质教育资源的共享。

（三）经济行为规范

经济行为规范是高校思想政治教育与经济学融合的重要内容。在市场经济条件下，规范大学生的经济行为，培养其诚信意识、契约精神和法治观念，对于促进社会主义市场经济健康发展具有重要意义。

首先，高校应加强经济伦理教育，引导大学生树立正确的金钱观和消费观。高校要充分利用思政课、形势与政策课等载体，系统阐释社会主义市场经济条件下的伦理道德规范，引导大学生摆脱物欲的束缚，树立勤俭节约的消费观念，形成健康文明的生活方式。同时，高校还要发挥校园文化的育人功能，通过开展诚信教育月、节俭型校园创建等活动，在潜移默化中提升大学生的经济伦理素养。

其次，高校应加强经济法律教育，提高大学生的法治意识和契约精神。市场经济本质上是契约经济、法治经济，守法诚信是其赖以存在的基础。然而，当前个别大学生存在法律意识淡薄、契约观念缺失的问题。对此，高校要充分发挥法学、经济学等学科优势，开设经济法概论、合同法等课程，系统讲授市场经济的法律基础知识；同时，要引导大学生学法懂法，增强法治观念，自觉遵守市场经济的游戏规则。此外，高校还可以通过开展模拟法庭、法律咨询等实践活动，提高大学生运用法律武器维护自身权益的能力。

再次，高校应加强诚信教育，培养大学生诚实守信的品格。诚信是市场经济的道德基础，也是大学生健康成长的重要保障。高校要将诚信教育贯穿于思想政治教育的全过程，引导大学生树立诚实守信的价值理念；要充分挖掘中华民族"人而无信，不知其可"的传统美德，阐释社会主义核心价值观中"诚信"的丰富内涵，使大学生深刻认识到诚信的重要性；还要把诚信教育融入日常管理，完善学籍管理、考试考核、助学贷款等制度，强化对诚信行为的引导与保障，对失信行为进行必要的惩戒，引导大学生坚守诚信底线。

最后，高校要注重加强实践育人，在实践中强化大学生的经济行为规范意识。

思想政治教育的生命力在于实践,经济行为规范意识的养成也离不开实践的锻炼。高校要充分利用社会实践、勤工助学、创新创业等活动平台,为大学生参与经济实践提供机会。在实践中,高校要引导大学生自觉遵循市场经济的行为准则,强化理性消费、合法经营的意识。同时,高校要鼓励大学生参与经济案例分析、政策解读等实践活动,在运用经济学、法学知识分析问题的过程中,深化对经济行为规范的理解和认同。高校还要建立健全监督机制,对大学生在经济实践中的行为进行必要的引导和规范,对违规违法行为进行及时纠正和处理,引导大学生树立规范意识。

四、高校思想政治教育与法学的融合案例

(一)法律意识教育

法律意识教育是高校思想政治教育中不可或缺的重要内容。在知识层面,它旨在帮助大学生系统掌握法律基本知识,了解我国法律体系的基本框架,理解法治的基本原则和精神内涵。通过案例分析、情景模拟等生动活泼的教学方式,教师能够使大学生更加直观、深入地领会法律条文背后的立法宗旨和价值取向,进而树立法治信仰,培养法治思维。

从能力角度来看,法律意识教育重在提升大学生运用法律知识分析问题、解决问题的能力。在日常生活中,大学生难免会遇到各种涉法问题和法律风险。法律意识教育不仅教给他们必要的法律知识,更重要的是训练他们发现问题、分析问题的敏锐性,以及运用法治方式维护权益、化解矛盾的实践能力。通过设置模拟法庭、组织法律辩论等实践活动,教师能够使大学生的法律思维和法律实践能力都能得到锻炼和提升。

法律意识教育还肩负着塑造大学生法治人格、提升大学生法治素养的重任。一个社会的法治进步,归根结底取决于公民的法治意识和法治素质。大学阶段是学生世界观、人生观、价值观形成的关键时期,对法治精神的内化与践行将影响他们一生。因此,法律意识教育绝不能仅仅停留在知识传授层面,更应注重引导大学生形成对法律的敬畏之心,树立诚实守信、公平正义的价值理念,培养负责任、讲法治的公民意识。唯有如此,才能使每一位大学生都成为法治中国建设的积极参与者和坚定拥护者。

高校法律意识教育要取得实效,必须因材施教,紧密结合大学生成长成才的需求。通过开设法律基础课、举办法治讲座等,高校可以为全体学生奠定必要的

法律知识基础。对于法学专业学生，则要开展更为系统深入的法学理论教育，培养其严密的逻辑思维和缜密的法律推理能力。对于非法学专业学生，法律意识教育则应突出实用性和针对性，重点讲解与其专业相关的法律知识，提高他们在职业领域依法履职、依法维权的意识和能力。

（二）法律知识普及

法律知识的普及是高校思想政治教育与法学学科融合的重要体现。在法治社会建设不断深入的今天，提升大学生法律意识和法律素养已成为思想政治教育工作的重要内容。通过将法律知识融入思政课教学，教师引导大学生树立法治信仰，养成守法习惯，不仅有利于促进其全面发展，也是维护校园稳定、构建和谐社会的必然要求。

首先，法律知识的普及应立足于法治教育的基本内涵。法治教育是指运用法律手段对公民进行思想道德教育，增强其法律意识，提高其法律素质，促使其自觉遵守法律、履行法定义务。其核心在于培养公民的法律信仰，使其内化为法律意识和法律行为。在高校思政课教学中贯彻法治教育理念，就要引导大学生深刻认识法律的本质属性和社会功能，理解法律与道德、法律与政策的辩证关系，坚定走中国特色社会主义法治道路的信心和决心。

其次，法律知识的普及应把握法学学科的特点。法学是一门实践性很强的应用学科，法学知识具有较强的规范性、逻辑性和可操作性。因此，在进行法律知识普及时，教师应注重理论与实践相结合，突出案例教学和模拟法庭等实践环节，引导大学生在具体情境中感悟法律的公平正义，提升运用法律知识分析和解决问题的能力。同时，教师要创新教学方式方法，充分利用信息化手段，开展线上线下相结合的法治教育，增强法律知识普及的吸引力和感染力。

最后，法律知识的普及还应契合大学生成长成才的需要。大学生正处于世界观、人生观、价值观形成的关键时期，对法律知识和法治理念的掌握程度，直接影响其人格塑造和行为方式。因此，教师在进行法律知识普及时，要紧密联系大学生思想实际，针对其在学习、生活、就业、创业等方面面临的法律问题，有的放矢地开展教育引导。教师要引导大学生正确认识和对待权利与义务的关系，提高权利意识、责任意识和契约精神，做到依法行使权利、履行义务。

（三）法律素养提升

法律素养是公民必备的基本素质之一，对于大学生而言更是如此。在大学阶段，提升法律素养不仅有助于学生树立法治意识、规范自身行为，也为其未来走向社会、融入社会奠定了重要基础。高校思想政治教育与法学的融合，为提升大学生法律素养提供了重要路径。

在思政课教学中渗透法律知识和法治理念，是提升大学生法律素养的重要途径。思政课作为高校落实立德树人根本任务的主阵地，在培养大学生思想品德、塑造大学生价值观念方面发挥着不可替代的作用。将法律知识融入思政课教学，可以帮助大学生深刻认识社会主义法治的内涵和价值，牢固树立法治信仰，自觉培养法治思维，养成尊法、守法的良好习惯。例如，在讲授"坚持全面依法治国"相关内容时，教师可以结合生动案例，阐释法治国家、法治政府、法治社会的丰富内涵，引导大学生正确认识依法治国与以德治国相结合的治国理政新方略。又如，在"坚持以人民为中心"相关内容教学中，教师可以深入阐述公民在宪法和法律面前一律平等，倡导大学生增强人权意识、平等意识，自觉维护宪法和法律权威。

开展丰富多彩的法治实践活动，是提升大学生法律素养的必由之路。实践出真知，只有在实际参与中，大学生才能真正领悟法治的真谛，内化法治的要求。高校可以充分利用思政实践课的平台，组织大学生参与法律援助、普法宣传等实践活动。通过亲身体验法律在现实生活中的运行，大学生可以将书本上的法律知识转化为行动中的法治能力，真切感悟法律的价值和尊严。例如，高校可以联合法律援助中心，引导大学生参与法律咨询、代写法律文书等志愿服务，在实际运用法律知识解决问题的过程中锻炼法律思维、提升法律素养。又如，高校可以发动大学生深入社区、农村开展普法宣传，在面对面交流互动中增强法律表达能力和沟通协调能力。这些鲜活生动的法治实践，不仅能够帮助大学生将法律知识内化为法治素养，也能引导其自觉把法治方式运用到社会生活实践中去，在全社会树立尊法学法守法用法的良好风尚。

构建富有特色的法治文化环境，是提升大学生法律素养的重要保障。优质的校园法治文化犹如一台无形的教学仪器，润物无声地影响着大学生的法治认知和行为实践。高校应着力营造浓厚的法治氛围，引导大学生在耳濡目染中坚定法治信仰，强化法律意识。例如，高校可以在醒目位置设置宪法宣誓墙，组织新生入学教育时集体宣誓效忠宪法，培养大学生的宪法意识。又如，高校可以聘请法学专家举办形势与政策讲座，帮助大学生及时了解国家法治建设新进展，在解疑释惑中坚定法治自信。再如，高校还可以组织各类校园法治文化活动，如模拟法庭、法治主题辩论赛等，让学生在参与互动中增强法律思辨能力。良好的校园法治文化环境必将成为大学生法律素养养成的加速器，使法治成为校园文化的主旋律、师生的共同价值追求。

　　高校将思想政治教育与法学教育有机融合，是社会主义法治建设的必然要求，也是提升大学生法律素养的必由之路。在这一过程中，高校应不断深化教育教学改革，创新教育理念和方法，多维度、全方位地推进大学生法律素养提升。只有将法治教育融入大学生成长成才的全过程，培养信法崇法、护法用法的一代新人，我们才能为全面依法治国奠定坚实的社会基础，为以中国式现代化全面推进中华民族伟大复兴注入不竭动力。

五、高校思想政治教育与艺术学的融合案例

（一）艺术素养教育

　　艺术素养教育是新时代高校思想政治教育的重要组成部分。它以提升大学生的审美情趣、培养其人文素养为目标，致力于实现艺术教育与思想政治教育的有机融合。在艺术素养教育中，音乐、美术、书法、戏剧等多种艺术形式相互渗透，共同构建起丰富多彩的育人平台。通过系统的理论学习和实践体验，大学生能够深入了解不同艺术门类的基本知识、表现形式和审美特征，掌握欣赏、创作艺术作品的基本方法，提升自身的艺术修养和人文素质。

　　艺术素养教育不仅有助于塑造大学生健全的人格，还能为其提供审美和精神愉悦。在欣赏艺术作品的过程中，大学生能够感受到艺术家情感的震撼力量，体验到美的感染力和生命力。这种美的熏陶能够陶冶情操，净化心灵，引导大学生形成积极向上的价值观和人生态度。同时，艺术创作实践活动为大学生提供了抒发情感、表达自我的舞台。在创作过程中，大学生需要深入挖掘生活、用心感悟世界，以艺术的方式诠释对生命的感悟和对社会的思考。这一过程不仅能够激发大学生的想象力和创造力，还能培养其敏锐的洞察力和深邃的思维能力。

　　艺术素养教育还为加强高校校园文化建设、营造良好育人环境提供了重要路径。一方面，高雅艺术进校园活动能够提升校园文化品位，为大学生营造优美、高雅的艺术氛围。另一方面，艺术社团、艺术节等形式多样的校园文化活动为大学生搭建起展示才华、交流提高的平台。在参与活动的过程中，大学生不仅能够提高艺术技能、锻炼组织协调能力，还能增进师生情谊、促进校园和谐。由此可见，艺术素养教育在构建高品位校园文化、塑造优良校风学风方面发挥着不可替代的作用。

　　推进艺术素养教育，需要思想政治教育工作者与艺术教育工作者的密切配合。一方面，思政课教师要充分认识艺术教育的育人功能，主动在教学中融入艺术素

养的培养。在思政课教学中，教师可以适时引入艺术作品赏析、艺术家事迹介绍等内容，用艺术的形式讲述信仰，用美的力量温润心灵。另一方面，艺术教师要立足育人导向，将社会主义核心价值观、爱国主义精神等思想内涵融入艺术教学之中。通过高质量的艺术课程和活动，艺术教师引导大学生树立正确的审美观念，坚定文化自信。只有二者形成合力，才能真正实现艺术素养教育与思想政治教育的同向同行、协同育人。

新时代赋予了艺术素养教育新的内涵和使命。面对复杂多变的社会环境，当代大学生更需要艺术的滋养和引领。艺术所蕴含的真善美，能够为其人生价值观的形成提供丰厚滋养；艺术所倡导的求真务实、勇于创新，能够为其应对挑战、实现自我提供不竭动力。可以说，用艺术引领人生，以美育浸润生命，已经成为新时代高校思想政治教育的题中之义。在今后的工作中，高校思想政治教育工作者要进一步深化对艺术育人规律的认识，不断创新艺术素养教育的内容和形式，努力提升艺术教育的亲和力和实效性，为培养德智体美劳全面发展的社会主义建设者和接班人贡献智慧和力量。

（二）艺术活动参与

艺术活动的参与是高校思想政治教育与艺术学科融合的重要途径之一。通过引导大学生积极投身各类艺术实践，不仅能够提升其艺术鉴赏力和审美情趣，还能在潜移默化中培养其高尚情操和人文素养。在参与艺术活动的过程中，大学生能够感受到艺术的魅力，体验艺术创作的乐趣，领悟蕴含其中的人文精神和价值理念。这种情感体验和精神感悟，正是思想政治教育所要达成的重要目标。

具体而言，高校可以通过开展形式多样的艺术活动，为大学生参与艺术实践提供广阔舞台。一方面，高校可以定期举办大学生艺术节、艺术展览、艺术比赛等，鼓励大学生展示才华、切磋技艺。在准备和参与这些活动的过程中，学生不仅能够提高艺术技能，还能锻炼组织协调能力、培养团队合作精神。另一方面，高校可以成立各类艺术社团，如合唱团、舞蹈团、戏剧社等，为大学生提供长期、系统的艺术训练。在社团活动中，大学生能够与志同道合的伙伴共同成长，在集体归属感中获得情感支持和精神慰藉。

除了校内活动，鼓励大学生走出校园，参与更广泛的艺术实践也十分必要。高校可以与专业艺术院团合作，为大学生提供观摩演出、参与排练的机会；可以组织大学生参加各级各类艺术比赛，展示才华，赢得荣誉；还可以安排大学生走进社区、福利院等，开展志愿艺术服务，在实践中弘扬雷锋精神，提升社会责任感。在这些活动中，大学生不仅能开阔视野、增长见识，更能感悟艺术的社会价值，坚定文化自信。

同时，在引导大学生参与艺术活动时，高校还应注重挖掘其思想政治教育元素，实现艺术学科与思政课的有机融合。例如，在合唱排练中，教师可以选取体现爱国主义、集体主义精神的歌曲，引导大学生在演唱中感悟其思想内涵；在戏剧排演中，教师可以选取反映社会主义先进文化的剧本，引导大学生在表演中领会和弘扬社会主义核心价值观。

艺术活动蕴含着丰富的思想政治教育资源，参与艺术实践的过程也是大学生接受艺术熏陶、提升思想境界的过程。高校要充分认识艺术活动在思想政治教育中的独特作用，精心设计、周密组织，在润物无声中实现立德树人的根本任务。只有不断深化艺术活动与思想政治教育的融合，创新艺术实践育人模式，才能为大学生的全面发展和健康成长提供丰富滋养，为培养担当民族复兴大任的时代新人贡献智慧和力量。

（三）艺术作品鉴赏

艺术作品鉴赏是高校思想政治教育与艺术学科融合的重要载体。教师通过引导大学生欣赏和解读优秀艺术作品所蕴含的丰富内涵，可以潜移默化地影响其情感态度和价值取向，使其陶冶情操、提升人文素养。在艺术作品鉴赏过程中，大学生不仅能够领略艺术的魅力，感受创作者的情感表达，更能透过作品反映的时代背景和社会现实，加深对历史文化的理解，引发对人生价值和社会责任的思考。

艺术作品承载了丰富的思想内容和人文精神。文学作品以生动的语言和丰富的想象，展现人物的内心世界和情感挣扎；音乐作品以优美的旋律和和谐的节奏，抒发作曲家的情感体验和精神追求；绘画作品以夸张的构图和鲜明的色彩，表达画家对生活的感悟和价值判断；雕塑作品以逼真的形体和传神的表情，再现历史人物的精神风貌和时代气息。每一件优秀的艺术作品，都凝结了创作者的智慧和心血，折射出一个时代的精神图景。教师引导大学生品味和领悟这些作品的深层内涵，能够帮助其构建正确的人生观和价值观，坚定理想信念。

在艺术作品鉴赏教学中，教师应精心设计教学内容，选取富有教育意义的经典作品，从美学、历史、哲学等多元视角引导大学生进行深入解读。以文学名著《红楼梦》为例，教师可以引导大学生分析作品对封建社会的批判、对人性的深刻洞察以及其所蕴含的道德理想和人生智慧。又如，大学生通过鉴赏北宋画家王希孟的画作《千里江山图》，能够感受到画家对大自然的热爱、对生命的热情。

教师还可以组织大学生开展研讨交流，鼓励其畅所欲言，表达自己的所思所感。在互动探讨中，大学生的批判性思维和语言表达能力也能得到锻炼提升。

除了课堂教学，高校还应充分利用美术馆、博物馆等校内外艺术教育资源，开展丰富多彩的艺术鉴赏实践活动。通过参观、现场讲解、体验等方式，教师可以让大学生直观感受艺术作品的魅力，使其在潜移默化中接受艺术的熏陶和教育。同时，高校可以邀请艺术家、评论家等专业人士开展讲座，分享创作体验和专业见解，帮助大学生拓宽艺术视野、提升鉴赏能力。

第五章　新时代高校思想政治教育的教学手段创新

第一节　大数据在高校思想政治教育中的创新应用

一、大数据在高校思想政治教育中的应用场景

（一）学生行为数据分析

学生行为数据分析是高校思想政治教育工作创新发展的重要途径。在信息技术飞速发展的时代，海量的学生行为数据为我们洞察大学生思想动态、优化教育教学策略提供了前所未有的机遇。通过收集、整理和分析大学生在校期间的各类行为数据，思想政治教育工作者能够更加全面、客观地了解大学生的价值取向、行为习惯和人格特征，进而有针对性地开展思想引导和行为干预，提升思想政治教育的科学性和实效性。

具体而言，学生行为数据分析主要包括学习行为数据、生活行为数据、社交行为数据和网络行为数据等多个维度。学习行为数据涵盖了大学生的课堂表现、作业完成情况、考试成绩等，反映了大学生的学习态度、学习能力和知识掌握程度。对学习行为数据的分析有助于教师掌握学情，改进教学方法，实现因材施教。生活行为数据包括大学生的起居作息、消费情况、参与社团和志愿服务等方面，折射出大学生的生活方式、价值观念和社会责任感。通过对生活行为数据的挖掘，思想政治教育工作者能够洞察大学生在日常生活中的思想状况和行为表现，有针对性地加强引导。社交行为数据主要指大学生在人际交往中的互动情况，如交友状况、沟通方式等，体现了大学生的人际关系和社交能力。对社交行为数据的分析可以帮助思想政治教育工作者准确把握大学生的社交心理和行为特点，促进其

健康成长。网络行为数据则涉及大学生在互联网上的浏览、发帖、转发等行为，反映了大学生的信息获取渠道、思想取向和价值判断。深入分析大学生的网络行为数据，能够为思想政治教育工作者及时发现苗头性、倾向性问题，开展有针对性的教育引导提供依据。

学生行为数据分析必须坚持以人为本、全面发展的理念。思想政治教育工作者收集和运用数据的目的，不是给大学生贴标签、划分等级，而是更好地理解、关心和帮助每一位大学生健康成长。在数据分析过程中，思想政治教育工作者要充分尊重大学生的个体差异，严格保护大学生的隐私，避免简单化、片面化的判断。同时，思想政治教育工作者还要注重将数据分析与日常思想政治工作相结合，做到线上线下同步发力，增强教育实效。

（二）教学资源优化配置

教学资源的优化配置是大数据时代高校思想政治教育创新发展的重要途径。传统的教学资源配置模式往往存在着信息不对称、资源分散、利用率低等问题，难以满足新时代思想政治教育的需求。大数据技术为教学资源的优化配置提供了新的思路和方法，有助于实现教学资源的精准匹配、高效利用和动态调整。

深入挖掘和综合利用各类教学资源数据，是优化配置的基础。高校要建立完善的教学资源数据库，涵盖课程资源、师资力量、教学设施、学生信息等各个方面，并通过数据清洗、整合和分析，全面掌握教学资源的现状和需求。在此基础上，高校可运用大数据挖掘和分析技术，深入洞察教学资源配置中的规律和特点，为科学决策提供依据。例如，通过对课程资源数据的关联分析，高校管理者可以发现不同课程之间的逻辑联系，优化课程体系结构；通过对师资力量数据的聚类分析，高校管理者可以识别教师的专长领域，实现教学任务的合理分工。

构建智能化的资源匹配和推送机制，是提升教学资源利用效率的关键。传统的资源配置方式往往依赖于经验判断和人工操作，存在着主观性强、时效性差等局限。高校借助大数据技术，可以实现教学资源的智能化匹配和精准推送。一方面，基于大学生的学习特点、兴趣爱好等数据，为其推荐个性化的课程资源和学习路径，提高学习的针对性和实效性；另一方面，根据教师的教学需求和专业特长，为其匹配相应的教学资源和支持服务，促进教学水平的提升。同时，还可以通过构建教学资源共享平台，打破资源壁垒，实现跨校、跨区域的资源共建共享，扩大优质教学资源的辐射范围。

建立动态调整和持续优化的教学资源配置机制，是保障教学质量的必然要求。

教学资源的优化配置不是一蹴而就的，而是一个动态调整、持续优化的过程。高校要充分运用大数据技术，建立教学资源配置的监测评估和反馈改进机制，动态跟踪教学资源使用情况，及时发现和解决教学资源配置中出现的问题，不断优化教学资源结构和布局。例如，通过对教学过程数据的实时采集和分析，了解大学生的学习效果和教师的教学质量，为教学改进提供依据；通过对教学资源使用数据的跟踪评估，识别教学资源配置中的冗余和缺口，动态调整教学资源投入和分配策略，提高教学资源利用效益。

大数据驱动的教学资源优化配置，为高校思想政治教育插上了腾飞的翅膀。它打破了传统资源配置模式的桎梏，为教育教学注入了新的活力。通过数据的深度挖掘和智能应用，高校可以实现教学资源的精准匹配和高效利用，促进教学质量的提升。在大数据时代，高校要积极顺应信息技术变革的潮流，以开放包容的姿态拥抱大数据，不断创新教学资源配置机制，为培养德智体美劳全面发展的社会主义建设者和接班人提供坚实保障。

（三）校园文化建设

校园文化建设是高校思想政治教育的重要载体和平台。它通过营造良好的育人环境，丰富校园文化生活，引导大学生形成积极向上的价值观念和行为方式，在潜移默化中实现思想政治教育的目标。大数据技术为校园文化建设注入了新的活力，为思想政治教育工作提供了新的路径和手段。

在大数据时代，校园文化建设可以利用海量数据资源，精准把握大学生的思想动态、行为特点和价值取向。通过对大学生在校园网络平台、社交媒体等渠道的数据进行采集和分析，教师能够全面了解大学生的兴趣爱好、思维方式、情感状态等，为开展个性化、精准化的思想政治教育提供依据。例如，通过分析大学生在校园网络论坛、微博、朋友圈等平台的言论和互动数据，教师可以发现大学生关注的热点话题、普遍存在的思想困惑，进而有针对性地开展教育引导工作。

大数据驱动下的校园文化建设还能够创新思想政治教育的内容和形式。传统的思想政治教育往往以说教、灌输为主，容易引起大学生的反感和抵触；而在大数据时代，教师可以根据大学生的兴趣特点和接受习惯，开发出寓教于乐的教育产品和活动，增强思想政治教育的吸引力和感染力。例如，可以利用虚拟现实、增强现实等技术，开发沉浸式的爱国主义教育体验项目；可以基于大学生的阅读、观影等行为数据，定制个性化的思政课资源包，激发大学生的学习兴趣。

大数据驱动的校园文化建设必须坚持以人为本，尊重大学生主体地位，注重保护大学生隐私。在数据采集和应用过程中，高校要严格遵守相关法律法规，完善数据安全管理制度，防止大学生个人信息的泄露和滥用。同时，高校要加强对思想政治教育工作者的数据素养培训，提高其合理开发和利用数据的意识和能力，避免简单化、机械化地应用数据。只有在技术与人文的融合中，大数据才能真正成为高校思想政治教育和校园文化建设的助推器。

二、大数据分析在思想政治教育效果评估中的作用

（一）数据驱动的评估模型

在新时代背景下，高校思想政治教育面临着新的机遇和挑战。传统的教学模式已经难以满足大学生日益多元化、个性化的成长需求，亟须创新教学手段，提升教学实效。大数据技术的迅猛发展为思想政治教育教学手段创新提供了新的路径和可能。通过建立数据驱动的评估模型，教师能够全面、动态地掌握大学生的思想状况、学习需求和发展特点，为实施精准化教育奠定基础。

数据驱动的评估模型是利用大数据技术收集、处理、分析大学生在校期间产生的各类数据，构建起反映其成长全貌的立体化数字画像。这些数据来源广泛，涵盖了大学生的学习行为、课外活动、社交网络、消费记录等诸多维度，蕴含着丰富的教育价值。通过对学生行为数据的深度挖掘和关联分析，教师能够洞察大学生思想动态的变化趋势，发现大学生在价值观念、道德品质、心理健康等方面存在的突出问题。在此基础上，教师可以有的放矢地开展思想引导和行为干预，提高思想政治教育的针对性和实效性。

数据驱动的评估模型还能够实现对大学生学习效果的精准评估。传统的思政课考核往往以期末考试为主，难以全面衡量大学生的综合素质和能力提升。而基于大数据分析的评估模型则能够动态记录大学生的学习过程，多维度评估大学生在知识、能力、情感等方面的进步。例如，通过分析大学生的课堂互动、作业完成、实践参与等数据，教师可以掌握其对思想政治理论的掌握程度和内化应用能力；通过统计大学生参与志愿服务、公益活动的频次和反馈，教师可以判断其社会责任感和奉献精神的培养成效。这种过程性、多元化的评估方式能够激发大学生的学习动力，引导其自主调整学习策略，促进思想政治教育教学质量的整体提升。

构建数据驱动的评估模型不可能一蹴而就，需要思想政治教育工作者不断探索和完善。一方面，高校要加强顶层设计，制定科学的数据采集、管理、应用制度，为数据分析提供制度保障；另一方面，高校要注重数据安全，严格保护大学

生个人隐私，防范数据泄露和不当使用。只有在法治和德治的双重规范下，数据驱动的评估模型才能更好地服务于立德树人的根本任务。

（二）学生反馈数据分析

学生反馈数据是评估教学效果、改进教学质量的重要依据。在大数据时代，各类教学管理系统和在线学习平台为收集学生反馈数据提供了便利条件。通过对海量学生反馈数据进行挖掘和分析，教师可以更全面、更精准地了解大学生的学习状况，发现教学中存在的问题，进而有针对性地调整教学策略，优化教学方法。

学生反馈数据的内容十分丰富，包括大学生对课程内容、教学组织、教学方式、学习体验等方面的评价和建议。通过对这些数据的文本挖掘，教师可以了解大学生对课程的总体满意度，以及影响其满意度的关键因素。例如，通过对学生评教数据进行情感分析，教师可以发现大学生对教师授课风格、教学态度等方面的情感倾向；通过对学生讨论区发言进行主题模型分析，教师可以归纳出大学生关注的热点话题和存在的共性困惑。这些分析结果为教师改进教学提供了重要参考。

学生反馈数据的时效性也不容忽视。传统的期末教学评估往往滞后性较大，教师难以及时发现和解决教学问题；而利用大数据技术，教师可以实时监测大学生的学习动态，随时掌握其学习进度、知识掌握情况等关键信息。一旦发现大学生出现学习困难或学习动机下降等问题，教师就可以及时介入，提供个性化的学习支持和指导，防患于未然。这种实时反馈机制有助于构建师生之间良性互动的教学生态。

学生反馈数据的应用也存在一定局限性。一方面，学生反馈数据可能存在片面性和主观性，不能完全替代教师的专业判断。另一方面，过度依赖数据分析可能导致教学标准化、程式化，忽视教育教学过程的人文关怀。因此，在运用学生反馈数据改进教学时，教师既要重视数据揭示的客观规律，又要坚持教育的人本原则，在尊重大学生主体性的基础上因材施教，促进大学生全面发展。

大数据时代为学生反馈数据分析开辟了广阔空间。教师应积极拥抱大数据技术，充分挖掘学生反馈数据的价值，用数据说话、用数据决策，不断推进教学改革和创新。同时，教师也要保持教育理性，秉持育人初心，将数据分析与教育智慧相结合，不断提升思想政治教育的针对性和实效性，为培养德智体美劳全面发展的社会主义建设者和接班人贡献力量。

（三）教学效果的量化评估

量化评估是教学效果考核的重要手段，它通过数据采集和分析，为教学质量的提升提供客观、精准的依据。在大数据技术的驱动下，教学效果的量化评估迎来了新的发展机遇。教师可以利用在线学习平台记录大学生的学习行为数据，如学习时长、互动频次、作业完成情况等，通过数据挖掘技术分析大学生的学习特点和规律，发现教学中存在的问题，并据此优化教学策略。

同时，大数据驱动的量化评估还能够实现教学效果的可视化呈现。教师可以通过数据可视化技术，将大学生的学习数据转化为直观、易懂的图表和报告，清晰地展示教学效果，这便于教师、学生、管理者等相关方及时了解教学情况，共同参与教学改进。例如，教师可以制作大学生学习参与度的雷达图，反映大学生在不同学习环节的表现；也可以生成知识点掌握情况的热力图，直观呈现大学生对各知识点的掌握程度。这些可视化的评估结果不仅为教师提供了及时反馈，也为大学生的自主学习提供了有力支撑。

大数据背景下的量化评估还能促进个性化教学的实施。通过对大学生学习行为数据的分析，教师可以洞察每位大学生的学习特点和需求，因材施教，提供个性化的学习支持和指导。例如，对于学习进度较快的大学生，教师可以提供更具挑战性的学习任务；对于学习有困难的大学生，教师则可以给予更多的关注和帮助。这种基于数据分析的个性化教学，能够最大限度地调动大学生的学习积极性，提高学习效果。

需要注意的是，教学效果的量化评估需要教育工作者不断探索和完善。在运用大数据技术进行教学评估时，高校要注重数据的质量和安全，确保评估过程的科学性和公平性。同时，高校也要警惕"数据至上"的倾向，避免过度依赖量化指标而忽视教学的人文关怀和价值引领。只有在技术和人文的融合中，不断创新评估模式和方法，才能真正发挥量化评估的优势，推动教育教学的改革和发展。

三、大数据技术在思想政治教育资源整合中的应用

（一）多源数据融合

多源数据融合是大数据背景下教育资源整合的重要途径，对于提升思想政治教育的针对性和实效性具有重要意义。随着信息技术的迅猛发展，海量的教育数据呈现出多源异构、动态变化的特点。这些数据分散在不同的业务系统和部门，如果得不到有效整合和利用，就难以为思想政治教育提供精准、及时的支持。因此，加强多源数据融合，打通数据孤岛，已经成为新时代高校思想政治教育创新发展的必然要求。

　　多源数据融合的核心在于建立统一的数据标准和规范。由于不同来源的数据在采集标准、存储格式、描述方式等方面存在差异，直接将其进行关联分析往往会产生大量的噪声和冗余。为了解决这一问题，高校需要制定统一的数据融合标准，对多源异构数据进行清洗、转换和整合，使其在语义层面实现一致性描述。同时，还要建立健全数据质量评估体系，从完整性、准确性、时效性等维度对数据进行全方位评估，确保数据融合的有效性和可靠性。

　　多源数据融合的关键是构建面向思想政治教育的知识图谱。知识图谱是一种结构化的语义网络，能够表征教育领域的核心概念、实体及其相互关系。通过多源数据融合，教师可以从学生信息、课程资源、教学活动、社会舆情等多个维度提取关键要素，并利用本体构建、知识抽取等技术，形成思想政治教育知识图谱。该图谱不仅涵盖了思想政治教育的基本内容和要求，还反映了大学生的学习状态、思想动态以及社会热点问题，为教师提供了全景式的数据视图。基于知识图谱，教师可以从宏观上把握教学全局，从微观上分析学生个体，进而开展针对性教育。

　　多源数据融合的价值在于驱动思想政治教育智慧化发展。当前，人工智能、大数据分析等新兴技术蓬勃兴起，为思想政治教育变革带来了新的机遇。通过多源数据融合形成的知识图谱，可以作为智能算法的知识源，赋能智慧教育应用场景。例如，基于大学生个人特征和行为数据，可以利用推荐算法为其提供个性化学习资源和服务；基于海量的教学案例数据，可以利用机器学习算法总结教学规律、优化教学策略；基于社交媒体数据，可以利用情感分析、话题检测等技术，动态掌握大学生思想动态和社会舆情走向。这些应用场景的实现，都离不开多源数据融合提供的数据支撑和知识积累。

（二）教育资源共享平台

　　教育资源共享平台的构建是实现优质教育资源均衡配置、促进教育公平的重要举措。在信息技术迅猛发展的时代背景下，教育资源共享平台为高校思想政治教育提供了新的路径和可能。一方面，教育资源共享平台打破了传统教育资源分配的时空限制，使得优质教育资源能够跨区域、跨学校流动，惠及更多大学生。通过教育资源共享平台，偏远地区、基础薄弱高校的学生也能够获取名校名师的教学资源，拓宽视野，提升素养。另一方面，共享平台为高校思政课教师搭建了交流互鉴的桥梁。教师可以通过平台分享教学经验、探讨教学方法，共同提高教学水平。同时，在教育资源共享平台上汇聚的海量教学资源也为教师备课提供了丰富素材，减轻了教学负担。

高校思想政治教育资源共享平台的建设需要坚持以下原则：首先，坚持内容为本，质量第一。在教育资源共享平台上共享的资源必须符合社会主义核心价值观，体现思想政治教育的针对性和实效性。资源的选择要突出思想性、科学性和时代性，切实提高大学生的思想政治素质。其次，坚持需求导向，促进互动。教育资源共享平台的建设要立足师生需求，为思想政治教育教学提供精准支持。平台功能设计要强化交互性，鼓励师生参与资源建设，形成教学相长、共建共享的良性生态。最后，坚持开放兼容，动态更新。教育资源共享平台要与高校已有的教学平台、管理系统有效对接，做到资源整合、优势互补。教育资源共享平台建设还要保持与时俱进的姿态，根据教育教学改革要求和技术发展趋势，不断更新完善资源内容和功能设置。

高校思想政治教育资源共享平台的主要功能可以包括：精品课程资源库、名师教学视频库、大学生实践活动案例库、思想政治教育专题资料库、教学研讨交流区等。其中，精品课程资源库汇集思政课、形势与政策课等优质教学资源，为教师教学提供参考，为大学生自主学习提供支持。名师教学视频库收录优秀教师的教学实录，展示先进教学理念和方法，帮助青年教师快速成长。大学生实践活动案例库搜集各高校思想政治教育实践活动的优秀案例，为开展实践教学提供经验借鉴。思想政治教育专题资料库针对理想信念教育、社会主义核心价值观教育等重点内容，提供专题教学参考资料。教学研讨交流区为教师搭建学习交流平台，促进教学反思和创新。

构建高校思想政治教育资源共享平台是一项系统工程，需要政府、高校、社会多方协同推进。政府要加强顶层设计，完善相关政策，为共享平台建设提供制度保障。高校要发挥主体作用，整合校内资源，激发师生参与热情。社会企业和研究机构要积极参与，贡献智慧和力量，为教育资源共享平台建设提供技术支持和智力支撑。各方携手并进，才能不断提升教育资源共享平台的供给能力和服务水平，为加强和改进高校思想政治教育提供有力支撑。

（三）智能化资源推荐

人工智能技术的飞速发展为教育资源的智能化推荐提供了新的可能。智能化资源推荐系统能够根据大学生的学习特点、知识基础和兴趣爱好，从海量的教育资源中甄选出最适合其学习需求的内容，实现教育资源的精准匹配和个性化推送。这不仅能够提高大学生的学习效率，激发其学习动机，更能够促进教育公平，缩小优质教育资源的获取差距。

构建智能化资源推荐系统的关键在于挖掘大学生学习行为数据背后隐含的规律和特征。通过对大学生的学习轨迹、习题答题情况、课程评价等多维度数据进行采集和分析，智能算法能够深入洞察大学生的学习特点和知识掌握情况。在此基础上，系统可以建立起大学生数字画像和知识图谱，动态地评估大学生的学习需求，并据此匹配最优的学习资源。例如，对于基础薄弱的大学生，系统可以推荐针对性强、难度适中的微课视频和练习题；而对于学有余力的大学生，系统则可以推荐拓展性强、富有挑战的探究性任务和科研项目。这种因材施教式的智能推荐，既尊重了大学生的个体差异，又能够最大限度地发挥教育资源的效用。

智能化资源推荐的优势还体现在其能够突破时空限制，为大学生提供随时随地、随需随学的学习支持。借助移动互联网技术，大学生可以通过智能终端设备便捷地获取个性化的学习资源，实现碎片化时间的高效利用。同时，智能推荐系统还能够持续跟踪大学生的学习过程，动态调整推荐策略，形成良性互动和实时反馈。这种沉浸式、交互式的学习体验，将极大地提升大学生的学习兴趣和主动性。

不过，智能化资源推荐在革新教育的同时，也对教师的角色定位和教学方式提出了新的挑战。教师不再是知识的唯一传播者，而是大学生学习的引导者和促进者。教师需要转变教学理念，充分利用智能推荐系统提供的数据分析和决策，支持因材施教，注重大学生能力的培养。同时，教师还应加强与智能系统的协同，优化推荐算法，提高资源匹配的精准度。只有人机协同、教学相长，才能真正发挥智能化资源推荐的潜力，推动教育的变革和发展。

四、大数据安全与隐私保护在思想政治教育中的重要性

（一）数据加密技术

大数据时代的到来，为高校思想政治教育工作提供了新的机遇和挑战。面对海量的数据信息，如何有效地进行数据加密和隐私保护，成为思想政治教育工作者需要重点关注和解决的问题。数据加密技术作为保障数据安全的重要手段，在思想政治教育中具有不可或缺的地位。

从技术层面来看，数据加密是通过特定的算法，将明文数据转换为密文，使得未经授权的个人或机构无法获取其中包含的信息。在高校思想政治教育工作中，大学生的个人信息、思想动态、行为数据等都属于敏感数据的范畴。一旦这些数据遭到泄露或不当利用，不仅会侵犯大学生的隐私权，还可能对其人身安全和未

来发展造成不利影响。因此，运用先进可靠的数据加密技术对这些数据进行保护，是维护大学生合法权益、构建和谐校园的必然要求。

从实践应用来看，数据加密技术在高校思想政治教育各环节中都大有可为。在数据采集阶段，可以利用加密传输协议，确保大学生个人信息在网络传输过程中不被窃取或篡改。在数据存储阶段，可以采用加密硬盘、加密数据库等方式，防止存储设备被盗或数据库遭到入侵时导致数据泄露。在数据访问阶段，可以采用严格的身份认证和访问控制等方式，限制非授权人员对加密数据的访问。此外，还可以利用数字水印、数字签名等技术手段，保护数据的完整性和不可否认性。

从制度保障来看，数据加密离不开完善的法律法规和管理制度。高校应根据国家相关法律法规，如《中华人民共和国网络安全法》《中华人民共和国数据安全法》等，制定符合自身实际的数据安全管理办法。明确数据采集、存储、使用、共享、销毁等各环节的安全要求，强化数据访问和使用的授权审批流程，健全数据安全事件的应急响应机制。同时，加强对师生的数据安全教育，提高其风险防范意识和保护能力。只有技术措施与制度建设双管齐下，才能从根本上杜绝数据泄露事件的发生。

从育人功能来看，数据加密彰显了思想政治教育工作对大学生人格尊严和权利的尊重。随着大数据、人工智能技术的发展，高校获取和利用大学生数据的便捷性大大提高。高校更应该以身作则、率先垂范，通过严格规范的数据加密措施，向大学生传递尊重隐私、保护数据的价值理念。这不仅有助于营造理性、包容、互信的校园环境，还能引导大学生增强安全意识，自觉维护网络空间秩序，为国家网络安全贡献自己的力量。

（二）用户隐私保护策略

用户隐私保护是大数据时代高校思想政治教育必须高度重视的重大课题。随着信息技术的飞速发展和广泛应用，高校思想政治教育工作者掌握了前所未有的海量学生数据，这为精准化、个性化教育提供了难得的机遇。然而，大数据的"双刃剑"效应不容忽视，大数据在发挥积极作用的同时，也可能带来隐私泄露、信息滥用等风险。因此，高校必须构建完善的用户隐私保护策略，在合法合规、确保数据安全的前提下开展大数据驱动的思想政治教育。

隐私保护的基石在于制度建设。高校应依据《中华人民共和国网络安全法》《中华人民共和国个人信息保护法》等法律法规，制定严密的隐私保护制度，明确数据采集、存储、使用、共享、销毁等各环节的责任主体和行为规范。制度的生命在于执行，高校还应建立健全监督问责机制，确保各项规定落到实处。与此同时，技术保障同样不可或缺。先进的数据加密、脱敏技术，完备的身份认证、访问控制体系都是隐私保护的重要手段。高校应积极引进现代信息安全技术，为学生数据构筑坚实可靠的安全屏障。

隐私保护绝非单纯的"堵"的艺术，更需要疏导。事实上，许多大学生并不完全了解个人信息的价值，缺乏隐私保护意识和技能。对此，高校应积极开展隐私保护教育，帮助大学生认识到个人信息安全的重要性，掌握必要的防范技巧，使其成为自己隐私的第一责任人。同时，高校还应主动公开数据使用政策，保障大学生的知情权，赢得大学生的理解和信任。只有师生形成合力，才能在开放与保护间找到最佳平衡点。

值得注意的是，隐私保护与数据开放并非对立，而是相辅相成、互为条件的。没有隐私保护作为前提，数据开放就可能沦为"越界"和滥用；没有适度的数据开放作为目的，隐私保护就可能走向"藏"的极端。事实上，大学生对个人信息的控制权和学校合理使用数据进行教育决策，都是正当的诉求。如何权衡二者，考验着教育工作者的智慧。总的原则是，加强隐私保护的目的不是数据的"锁藏"，而是为数据的合理应用保驾护航，为大学生创造更具针对性、更加安全的成长环境。

可以预见，随着大数据、人工智能等新技术与思想政治教育的深度融合，隐私保护和数据安全将成为高校面临的常态化课题。这既是法律的要求，又是教育的题中应有之义。只有将隐私保护理念内化于心、外化于行，将制度规范与信息技术高度整合，不断提升大学生群体的隐私保护意识和能力，高校才能在用好大数据的同时，筑牢师生信任的桥梁，最终实现立德树人的根本任务。这既考验着思想政治教育工作者的战略眼光和责任担当，又召唤着教育理念和方式方法的与时俱进、开拓创新。在大数据时代，优化隐私保护、打造共建共治的数据安全格局，高校大有可为，也责无旁贷。

（三）安全风险防控措施

大数据时代的到来为高校思想政治教育工作带来了新的机遇和挑战。面对海量的数据资源，如何保障数据安全、防范风险成为亟待解决的关键问题。只有建立起完善的安全风险防控体系，才能最大限度地发挥大数据技术在思想政治教育中的积极作用，实现育人工作的高质量发展。

数据加密是保障大数据安全的重要技术手段。在收集、存储、传输和使用大学生个人信息数据的过程中，高校必须采用先进可靠的加密算法，对敏感数据进行加密处理，防止数据被非法截获、窃取或篡改。同时，高校应建立健全密钥管理机制，严格控制数据访问权限，确保只有授权人员才能接触和使用相关数据。数据加密可以有效提升思想政治教育大数据的安全性，为大学生的隐私保护提供坚实保障。

用户隐私保护是大数据安全风险防控的核心内容。高校在利用大数据开展思想政治教育工作时，必须充分尊重并维护大学生的个人隐私权。这就要求高校在数据采集阶段，向大学生详细说明数据使用的目的、方式、范围等，征得其知情同意；在数据存储和使用阶段，遵循"最小够用"原则，不过度采集和滥用数据；在数据共享阶段，严格限定共享对象和使用权限，防止数据被非法买卖、滥用。同时，高校还应建立大学生个人信息查询、更正、删除机制，保障其对个人数据的知情权、控制权。高校只有切实加强用户隐私保护，构建起大学生放心、家长安心的大数据应用环境，思想政治教育工作才能持续健康发展。

风险评估与监测是有效进行大数据安全风险防控的重要环节。高校要加强大数据安全形势研判，定期开展风险评估，客观分析数据采集、存储、应用等各环节存在的安全漏洞，有针对性地制定防控措施。建立健全数据安全监测预警机制，利用智能算法对各类异常数据访问行为进行甄别、分析，及时发现和处置潜在的安全风险。树立风险防控意识，加强业务培训，筑牢师生数据安全意识防线。总之，只有全面系统推进大数据安全风险防控，运用先进理念健全机制、强化技术，才能为高校思想政治教育插上腾飞的翅膀。

网络安全法治建设是维护大数据安全、保障思想政治教育健康发展的重要基石。当前，在大数据快速发展的同时，相关法律法规应加快完善。各高校要积极参与法治建设，为依法开展数据采集、整合、分析、应用等工作提供有力的法治保障。逐步健全数据安全法律规范和行为准则，严格界定和规范高校在思想政治教育领域使用大数据的范围、程序和责任，明确各类数据的采集、使用、存储规则，依法惩治各类侵犯大学生隐私、危害数据安全的违法违规行为。只有加快网络安全法治建设，以法律的武器守护好大数据资源，才能为思想政治教育创新发展保驾护航。

完善大数据安全共治格局，构建政府、高校、企业、社会多方参与的协同治理机制。一方面，政府要发挥统筹协调作用，制定大数据安全政策，为高校大数据应用划定红线、指明方向；另一方面，要充分发挥企业在技术创新方面的主体作用，鼓励网络安全企业加大投入，为高校思想政治教育大数据应用提供安全可靠的软硬件支撑和解决方案。同时，还要加强社会监督，畅通投诉举报渠道，形成全社会共同维护大数据健康发展的良好氛围。只要多元主体携手并肩、齐抓共管，思想政治教育领域的大数据安全防控工作必将实现系统化、规范化、常态化。

　　大数据为高校思想政治教育插上了腾飞的翅膀，但也带来了诸多安全隐患和风险挑战。要实现大数据赋能高校思想政治教育工作高质量发展，必须高度重视其安全风险防控，从加强数据加密、保护用户隐私、开展风险评估与监测、推动网络安全法治建设、完善多元共治格局等方面入手，筑牢思想政治教育大数据安全防线。唯有如此，高校才能在确保安全的前提下最大限度释放大数据的潜能，推动思想政治教育工作不断创新发展，为立德树人提供坚实的信息化支撑。

第二节　人工智能在高校思想政治教育中的创新应用

一、人工智能在思想政治教育中的应用场景

（一）智能课堂

　　智能课堂是将人工智能技术引入传统课堂教学，以优化教学过程、提升教学效果的创新尝试。在思想政治教育领域，智能课堂为实现教学手段现代化、多样化提供了新的路径和可能。智能课堂能够根据大学生的学习特点和认知规律，为其提供个性化、精准化的学习支持。通过对大学生学习行为数据的采集和分析，智能系统可以实时追踪每位大学生的学习进度和掌握情况，并据此推送与其认知水平相匹配的学习资源和任务。这种因材施教的教学模式有助于调动大学生的学习积极性，提高其学习效率，最终实现学习效果的优化。

　　当然，智能课堂在思想政治教育中的应用也面临着一些挑战和困境。一方面，智能技术在教学中的过度使用可能会削弱师生之间的情感交流，导致教学"冷冰冰""硬邦邦"。另一方面，智能系统生成的个性化学习方案如果缺乏人文关怀和价值导向，反而可能加剧大学生的困惑和迷茫。因此，在推进智能课堂建设的过程中，我们必须坚持育人为本，让智能技术真正服务于立德树人的根本任务。

　　教师要积极转变教学理念，将智能技术作为提升教学质量的有效手段，而非追逐技术而忽视了教书育人的本质。要在人机协同中找准定位，充分发挥教师在价值引领、人格塑造等方面的独特优势，用人情味来补齐智能的短板。同时，要

加强师德师风建设，提升教师运用智能技术开展教学的能力，确保智能课堂沿着正确的方向发展。

（二）虚拟导师

虚拟导师是人工智能技术在高校思想政治教育中的一项创新应用，它通过自然语言交互、知识图谱构建等技术手段，为大学生提供个性化、智能化的思想引导和学习支持。与传统的师生面对面交流相比，虚拟导师突破了时空限制，能够为大学生提供及时、高效的帮助。同时，基于大数据分析和机器学习算法，虚拟导师还能精准把握大学生的学习特点和思想动态，有针对性地开展思想教育和价值引领。

从知识传授的角度看，虚拟导师能够依托海量的数据资源，为大学生提供丰富、权威的马克思主义理论知识，帮助其构建系统完整的理论体系。与此同时，虚拟导师还能根据大学生的专业背景和认知水平，有针对性地推送相关案例和实践素材，引导大学生将理论知识与社会实践相结合，加深其对理论的理解和认同。例如，面对经济学专业的学生，虚拟导师可以重点介绍习近平新时代中国特色社会主义经济思想，并结合数字经济、共享经济等前沿话题，激发大学生运用马克思主义立场、观点、方法分析经济问题的兴趣。

从能力培养的角度看，虚拟导师是提升大学生道德判断力和实践能力的有效工具。通过设置开放性问题，引导大学生进行道德推理和论证，虚拟导师能够启发大学生运用辩证唯物主义和历史唯物主义的世界观、方法论来分析问题、解决问题。同时，虚拟导师还可以为大学生提供在线实践平台，组织开展志愿服务、社会调查等实践活动，引导大学生在实践中增强道德修养、锤炼意志品质。例如，虚拟导师可以设计"传承红色基因，践行初心使命"主题活动，组织大学生参观红色教育基地、撰写调研报告，使其在实践中传承革命精神，坚定理想信念。

从情感态度的角度看，虚拟导师有助于培养大学生积极健康的价值取向和道德情操。一方面，虚拟导师可以收集大学生的情感数据，如学习和生活中的喜怒哀乐，运用情感计算技术进行分析，及时发现大学生的心理问题和情感困惑，提供针对性的疏导和干预。另一方面，虚拟导师还可以向大学生推送励志故事、先进典型等积极向上的内容，引导大学生形成正确的世界观、人生观、价值观。

当然，虚拟导师在思想政治教育中的应用仍处于探索阶段，还存在一些亟待解决的问题。首先，虚拟导师的知识库需要不断更新和完善，确保其提供的内容符合马克思主义基本原理，体现社会主义核心价值观。其次，虚拟导师与大学生的互动仍有待优化，如何在人机交互中体现人文关怀、增进情感沟通，是一个值得深入研究的问题。最后，虚拟导师产生的数据如何有效运用、妥善保护也是一个重要课题，需要在法律和伦理的框架下加以规范。

（三）数据分析

在新时代高校思想政治教育中，数据分析技术的应用为教育工作者提供了全新的视角和途径。传统的思想政治教育往往依赖于教师的主观经验和感性认知，难以全面、客观地把握大学生的思想动态和行为特征；而数据分析则能够通过收集、整理、挖掘海量的学生信息，揭示隐藏在表象之下的规律和趋势，为思想政治教育工作提供科学、精准的决策依据。

从学情分析入手，数据分析技术可以帮助教师深入了解大学生的学习状况、心理特点和发展需求。通过对大学生的成绩、考勤、选课、借阅等有关数据的综合分析，教师能够掌握大学生的学习兴趣、知识掌握程度、学习方法等关键信息，进而有针对性地开展教学和指导工作。同时，教师还可以利用心理测评、行为观察等方式，准确把握大学生的心理状态和人格特征，及时发现和干预大学生的心理问题，促进大学生身心健康发展。

在实施个性化思想政治教育方面，数据分析技术也大有可为。不同大学生在价值观念、人生态度、行为习惯等方面存在显著差异，采用"一刀切"的教育模式难以收到理想效果，而数据分析则为实现因材施教、精准育人提供了可能。通过对大学生背景、兴趣、特长等数据的深度挖掘，教师可以绘制每位大学生的数字画像，推送个性化的思想政治教育内容，开展有针对性的主题教育和实践活动，从而最大限度地激发大学生的主观能动性，提升思想政治教育的实效性。

大数据时代，思想政治教育工作者也要高度重视大学生隐私保护和数据安全问题。一方面要加强数据管理，完善制度规范，严格控制数据采集、存储、使用等各个环节，杜绝数据泄露和滥用；另一方面要提升数据素养，培养学生大数据思维，在充分发挥数据价值的同时，尊重每一位大学生的个人权益，真正做到育人为本、德育为先。

二、基于人工智能的个性化思想政治教育

（一）学习路径推荐

学习路径推荐是人工智能技术在高校思想政治教育中的典型应用场景之一。

随着大数据、机器学习等技术的不断进步，我们已经能够从海量的学习行为数据中挖掘出大学生个体的学习特点和规律，进而为其提供更加精准、高效的学习路径指导。这不仅有助于提升思想政治教育的针对性和实效性，还能够激发大学生的学习兴趣，培养其自主学习、终身学习的意识和能力。

从技术实现层面来看，学习路径推荐往往基于协同过滤、内容过滤等经典的推荐算法。协同过滤算法通过分析不同学生之间的学习行为相似性，为目标大学生推荐那些与其兴趣爱好、认知风格相近的大学生所喜爱的学习资源和路径。内容过滤算法则侧重于挖掘学习资源本身的特征，如知识点的难易程度、覆盖范围、呈现形式等，再根据大学生的学习能力、认知水平等因素进行匹配和推荐。近年来，深度学习技术的兴起为学习路径推荐带来了新的突破。卷积神经网络、循环神经网络等深度学习模型能够从文本、图像、视频等多模态学习资源中自动提取高层语义特征，捕捉大学生学习行为背后的深层规律，从而生成更加准确、多样化的学习路径推荐结果。

学习路径推荐的关键在于对大学生个体特征的精准刻画。一方面，教师需要全面收集大学生的学习行为数据，包括其在线学习时长、访问频率、测试得分、互动参与度等显性数据，以及阅读速度、视线停留、情绪状态等隐性数据。另一方面，教师还需要深入挖掘大学生在认知风格、学习动机、知识基础等方面的差异，构建起完整的大学生数字画像。只有在对大学生特征有了充分认识的基础上，教师才能设计出契合其学习需求的个性化推荐策略。值得注意的是，学习路径推荐是一个动态优化的过程。我们需要持续跟踪大学生的学习反馈，及时调整推荐模型和策略，确保推荐结果与大学生的实际需求始终保持同步。

（二）个性化内容推送

在大数据时代背景下，高校思想政治教育工作者应积极利用人工智能技术，开发个性化的内容推送系统，为大学生提供精准、高效的思想引导和价值观塑造。当代大学生成长于信息爆炸的时代，面对海量的网络信息，他们往往难以快速辨别真伪、提炼精华。同时，由于知识背景、兴趣爱好的差异，大学生对思想政治教育内容的需求也呈现出多样化特征。因此，单纯的说教难以取得良好效果，反而可能引起大学生的逆反心理。

个性化内容推送是人工智能技术在思想政治教育领域的重要应用。它通过智能算法分析大学生的个人特征，如学习兴趣、知识水平、价值取向等，从海量的思想政治教育资源中筛选出最契合大学生需求的内容，并以喜闻乐见的方式推送给大学生。这种做法能够最大限度地提高思想政治教育的针对性和实效性，激发大学生主动学习、践行社会主义核心价值观的内在动力。个性化内容推送可以从以下几方面入手。

首先，根据大学生的专业背景和学习进度，推送与其所学知识相关的思想政治教育内容。例如，对于学习马克思主义基本原理的哲学专业学生，个性化内容推送系统可以推送《共产党宣言》《资本论》等经典著作的解读文章，帮助其深入理解马克思主义的理论精髓。

其次，基于大学生的兴趣爱好和行为习惯，推送富有吸引力和感染力的思想政治教育内容。当代大学生普遍热衷于新媒体，喜欢通过短视频等生动活泼的形式获取信息。个性化内容推送系统可以自动生成视觉冲击力强、互动性高的思想政治教育内容，如制作习近平新时代中国特色社会主义思想的微动漫，设计"四史"（即中国共产党党史、新中国史、改革开放史、社会主义发展史）知识竞赛小游戏等，潜移默化地提升大学生的思想政治素养。

再次，综合分析学生的思想动态和认知规律，推送有的放矢的思想政治教育内容。大学阶段是学生世界观、人生观、价值观形成和确立的关键时期，他们在面对人生选择和社会热点问题时，难免会产生一些模糊认识和偏颇看法。个性化内容推送系统应及时捕捉这些思想端倪，有针对性地推送权威解读和深度分析，澄清大学生的模糊认识，引导其树立正确的三观。例如，当个性化内容推送系统发现大学生频繁搜索"逆全球化""单边主义"等词汇时，其就可以推送权威学者解析世界百年未有之大变局的文章，帮助学生形成正确的国际观、培养民族自豪感。

最后，注重优秀校友和杰出人物事迹的推送，发挥榜样的示范引领作用。伟大出自平凡，宣传身边积极向上、奋发有为的典型人物事迹，更容易激发大学生的情感共鸣，领悟思想政治教育蕴含的真理力量。个性化内容推送系统可以采集优秀校友和时代楷模的事迹素材，针对学生的专业特点、家庭背景等，有选择性地进行推送。例如，对于家庭经济条件不太好的大学生，个性化内容推送系统可以重点推送那些自强不息、奋斗成才的先进事迹，鼓舞其勇敢面对困难、努力改变命运。

（三）学习行为分析

在新时代背景下，个性化学习已经成为教育改革的重要趋势。人工智能技术为实现个性化学习提供了强大的技术支撑，通过分析大学生的学习行为数据，人工智能系统可以精准把握大学生的学习特点和需求，为其提供量身定制的学习路径和资源。学习行为分析是人工智能辅助个性化学习的关键环节。通过收集大学生在学习过程中产生的各种数据，如学习时长、学习进度、互动频率、作业完成情况等，人工智能系统可以全面、客观地评估大学生的学习状态和学习效果。基于这些数据，人工智能系统能够准确识别大学生的学习风格、知识掌握程度、兴趣爱好等，从而为其推荐最适合的学习内容和方式。

学习行为分析还可以帮助教师优化教学策略。通过分析全班学生的学习行为数据，教师可以掌握班级的整体学情，发现普遍存在的问题和疑惑。基于这些信息，教师可以调整教学内容的深度和广度，改进教学方法和节奏，因材施教，提升教学针对性。同时，教师还可以利用学习行为分析结果，对大学生进行分层教学和个别辅导。对于学习困难的大学生，教师可以提供更多的学习支持和鼓励；对于学习优秀的大学生，教师可以给予更高层次的指导和拓展。这种数据驱动的个性化教学模式，有利于促进每一位大学生的全面发展。

当然，学习行为分析也面临着一些挑战和局限。首先，学习行为数据的真实性和全面性有待进一步提高。大学生在线上学习平台的行为，可能无法完全反映其真实的学习状态和能力水平。其次，过度依赖学习行为分析可能导致教育过程的程序化和工具理性化。教育不应忽视大学生的情感需求和价值塑造，要注重人文关怀和师生互动。最后，学习行为分析涉及大学生隐私和数据安全问题，需要在技术应用和制度建设方面予以重视。

三、人工智能辅助思想政治教育的技术实现

（一）自然语言处理

自然语言处理技术在高校思想政治教育中的应用，为教学手段和教学模式的创新提供了广阔的空间。作为人工智能领域的重要分支，自然语言处理旨在赋予计算机理解、分析和生成人类语言的能力。这一技术与思想政治教育的结合，有望突破传统教学方式的局限，实现教育内容的智能生成、教学过程的个性化呈现、师生互动的自然交流，从而显著提升教学的针对性和实效性。

从教学内容的生成来看，自然语言处理技术可以根据大学生的认知特点和知识基础，自动构建富有针对性和吸引力的教学案例、讨论题目、思考问题等。通过对海量文本数据的挖掘和分析，该技术能够快速捕捉思想政治教育领域的前沿动态和热点话题，甄选出最具代表性和教育意义的素材，形成生动鲜活、贴近实

际的教学内容。这不仅能够激发大学生的学习兴趣，调动其主动性和参与性，还能引导大学生把握社会发展脉搏，提高运用马克思主义立场、观点、方法分析问题的能力。

从教学过程的呈现来看，自然语言处理技术可以实现教学内容的个性化推送和多元化展示。通过对大学生在线学习行为的跟踪分析，该技术能够精准把握每一位大学生的学习特点和知识掌握情况，据此推荐最契合其需求和兴趣的学习资源，制订因材施教的教学方案。同时，借助自然语言处理技术的语义理解能力，教学系统可以将文本化的教学内容转化为图文并茂、声形兼备的多媒体形式，提供沉浸式的学习体验。大学生可以根据自身节奏安排学习进度，通过多种渠道感知和内化知识，达到优化认知、强化理解的效果。

从师生互动的角度来看，自然语言处理技术可以营造自然流畅、高效便捷的交流氛围。基于该技术的智能问答系统能够准确理解大学生提出的各类问题，快速检索知识库，给出专业权威、言简意赅的解答。大学生不再局限于课堂时空，而是能够随时随地获得有针对性的学习指导和帮助。与此同时，教师也可以借助自然语言处理工具，快速分析大学生的讨论内容、作业报告等，全面掌握教学反馈，为优化教学策略提供决策依据。师生双方在更加智能化的平台上充分互动，既提高了教学效率，又增进了彼此间的理解和信任。

当然，将自然语言处理技术引入高校思想政治教育，还需要在实践中不断摸索和完善。一方面，要加强技术攻关，突破中文信息处理、知识图谱构建等关键环节，不断提升系统的理解能力和生成质量。另一方面，要高度重视教学内容的政治性和价值导向，建立健全人工智能助教的业务流程和质量把控机制，坚持党的全面领导，确保正确的政治方向和价值取向。只有在探索创新中保持清醒认识，确保安全可控，自然语言处理技术才能真正为高校思想政治教育插上腾飞的翅膀，培养堪当民族复兴大任的时代新人。

（二）机器学习算法

机器学习算法是实现人工智能辅助思想政治教育的关键技术支撑之一。它通过对历史数据的学习和训练，可以从复杂的信息中自动提取特征、发现规律，进而对新的数据进行预测和决策。在思想政治教育领域，机器学习算法可以发挥多方面的作用，助力教学质量的提升和育人效果的增强。

首先，机器学习算法可以用于大学生学习行为的分析和预测。通过收集大学生的学习轨迹数据，如课程访问记录、作业完成情况、考试成绩等，机器学习模型能够深入洞察大学生的学习特点和规律。教师可以据此有针对性地调整教学策略，为不同大学生提供个性化的学习支持和指导。同时，通过对大学生学习行为的预测，教师还能及时发现学习困难或异常情况，从而采取干预措施，防患于未然。

其次，机器学习算法可以辅助教学内容的优化和推荐。在海量的思想政治教育资源中，机器学习模型能够根据大学生的特点和需求，智能化地筛选出最合适的学习材料。例如，通过对大学生已学内容的分析，机器学习模型可以向其推送具有针对性和延展性的学习资源，满足大学生进一步探究和拓展的需要。又如，通过挖掘优秀教学案例的共性特征，机器学习模型可以指导教师优化教学设计，提高教学内容的吸引力和有效性。

最后，机器学习算法还可以服务于大学生思想状况的评估和引导。借助自然语言处理、情感分析等技术，机器学习模型能够从大学生的言语表达中捕捉其思想动态和心理特点。基于对大学生思想状况的客观评估，教师可以有的放矢地开展思想引导工作，增强思想政治教育的亲和力和感染力。此外，一些智能对话系统还可以利用机器学习算法，为大学生提供贴心的心理疏导和价值引领服务。

（三）数据挖掘技术

数据挖掘技术是从海量数据中发现隐藏的先前未知的有价值的知识和模式的过程。它通过对数据进行分类、聚类、关联分析等操作，揭示数据背后的规律和关系，为决策提供支持。随着大数据时代的到来，数据挖掘技术在各领域得到了广泛应用，思想政治教育领域也不例外。将数据挖掘技术引入思想政治教育，有助于深入分析大学生的思想动态、行为特点，为教育教学提供新的视角和路径。

数据挖掘技术在思想政治教育中的应用主要体现在以下几方面。

一是思想政治状况分析。通过收集大学生在社交媒体、论坛等平台上的言论数据，运用文本挖掘、情感分析等技术，教师可以掌握大学生的思想动态、价值取向，发现其潜在的思想问题。这为开展有针对性的思想教育提供了依据。

二是行为模式分析。利用大学生在校期间各类行为（如课堂表现、社会实践、志愿服务等）数据，通过关联规则挖掘、序列模式挖掘等方法，教师可以发现大学生行为的规律和特点。这有助于评估思想政治教育的效果，优化教育管理措施。

三是学习效果分析。整合思政课成绩、论文、调研报告等学习数据，运用分类、回归等数据挖掘算法，教师能够深入分析影响学习效果的关键因素，为改进教学方法、优化课程设置提供决策支持。

四是精准资助分析。汇聚大学生家庭经济状况、消费行为、助学贷款等数据，通过聚类分析、异常检测等技术，教师能够准确识别特殊困难大学生，实现资助工作的精准化、科学化。

五是就业指导优化。利用毕业生就业去向、职业发展轨迹等数据，运用决策树分析法、关联规则等方法，教师能够挖掘不同专业、背景学生的就业特点，为其提供个性化、精准化的就业指导服务。

四、人工智能在思想政治教育中的伦理与安全问题

（一）数据隐私保护

人工智能在思想政治教育中的应用为教学实践带来了新的机遇，但同时也引发了一系列亟待解决的伦理和安全问题。其中，数据隐私保护无疑是最为紧迫和关键的问题之一。在人工智能辅助教学的过程中，海量的大学生个人信息和学习行为数据不可避免地被采集和利用。这些数据一旦泄露或被滥用，将对大学生的权益造成严重侵害，破坏师生之间的信任关系，进而影响教学活动的正常开展。因此，高校必须高度重视数据隐私保护，将其作为人工智能思想政治教育应用的基本原则和底线要求。

首先，高校应制定严格的数据管理制度，明确数据采集、存储、使用等各个环节的规范要求，并对相关人员进行必要的培训和管理。要坚持合法、正当、必要的原则，杜绝过度采集和非必要采集。同时，还要做好数据的分类保护，对不同种类、不同敏感程度的数据实施差异化管理，降低数据泄露和滥用的风险。

其次，要加强人工智能系统的安全防护。一方面，要从技术层面入手，采用先进可靠的加密算法、访问控制等安全技术，全方位提升系统抵御外部攻击的能力。另一方面，还要建立健全应急响应机制，制订详细的应急预案，一旦发生数据泄露事件，要第一时间采取措施控制损失，并及时向师生通报情况，消除不利影响。

再次，要充分尊重和保障大学生的知情权与选择权。在采集大学生个人信息前，必须向其告知数据采集的目的、方式、范围等，并征得大学生的同意。大学生有权拒绝提供非必要信息，也有权随时撤回此前的授权同意。对于大学生的数据查询、更正、删除等要求，高校应当积极予以支持和落实，切实保障大学生对个人信息的控制权。

最后，还要加强师生的数据隐私保护意识。高校可通过专题讲座、案例分析

等方式，帮助师生深入认识数据隐私保护的重要性，了解相关的法律法规和伦理要求，掌握必要的安全防范技能。要引导师生增强忧患意识，提高警惕，养成良好的数据安全习惯，共同营造"人人重视隐私、人人保护数据"的良好氛围。

数据隐私保护是人工智能思想政治教育应用必须坚守的原则和底线。高校只有切实加强制度建设，完善安全防护体系，尊重大学生主体权益，提升师生保护意识，才能最大限度降低数据安全风险，营造可信可靠的人工智能教学环境。唯有如此，人工智能才能真正释放赋能思想政治教育的潜力，助力大学生全面发展和健康成长。这既是技术进步的必然要求，也是教育公平正义的应有之义。

（二）算法公平性

算法的公平性是人工智能在思想政治教育中应用所面临的关键伦理问题之一。人工智能算法在学习过程中可能会从训练数据中吸收社会中固有的偏见和歧视，从而产生不公平的决策结果。例如，如果训练数据中存在性别、种族、地域等方面的偏差，那么基于这些数据训练出的模型很可能在应用中表现出相应的歧视倾向。这不仅违背了教育公平的基本原则，也与社会主义核心价值观的要求背道而驰。因此，在将人工智能引入思想政治教育之前，必须对算法的公平性进行全面评估和审视。

首先，要对训练数据进行去偏处理，尽量消除其中可能存在的各种偏见因素。这需要运用数据挖掘、统计分析等技术手段，深入分析数据的内在结构和分布特征，找出潜在的问题所在。同时，在数据采集和标注过程中，也要充分考虑样本的代表性和均衡性，避免因抽样偏差而造成模型偏差。

其次，要建立健全算法评测和监督机制。针对不同的任务场景，制定明确的公平性评价指标和测试标准，定期开展算法公平性审计，及时发现和纠正算法中的偏差问题。评测过程应该引入第三方机构，以提高评估的客观性和公正性。针对审计中发现的问题，要及时优化算法，并对可能产生的负面影响进行评估和预警，以便采取相应的补救措施。

再次，要加强对人工智能系统的可解释性研究。算法的黑盒特性是导致其公平性问题难以察觉和规避的重要原因之一。因此，要大力发展可解释性人工智能技术，让算法的决策过程变得更加透明和可理解。这不仅有助于及时发现算法中的偏差因素，也能让学生和教师更好地理解人工智能系统的工作原理，从而更积极、更审慎地看待人工智能技术。

最后，还要加强人工智能伦理教育和法治建设。将算法伦理、数据安全、隐私保护等内容纳入高校人工智能相关专业的培养方案，培养大学生的伦理意识和社会责任感。同时，加快人工智能立法进程，用法治来规范人工智能技术的研发和应用，为教育领域人工智能系统的规范、安全、可控运行提供制度保障。

（三）技术滥用防范

防范人工智能技术滥用，需要全社会共同努力。

从政府层面来看，相关部门应加快制定针对人工智能的法律法规，明确红线和底线，规范人工智能技术的研发和应用。例如，可以出台专门的法律，严格限制人工智能在个人隐私、生物识别等敏感领域的应用，防止技术被滥用并侵犯公民权益。同时，政府还应加大执法力度，对违法违规使用人工智能技术的行为予以严厉打击，形成有力震慑。

从企业层面来看，人工智能企业应强化技术研发的伦理意识，将"以人为本、造福人类"作为基本原则，在技术设计之初就充分考虑潜在的负面影响，采取必要的预防措施。例如，可以成立伦理委员会，对人工智能产品进行全流程的伦理审查，及时发现和消除风险隐患。企业还应主动接受社会监督，及时公开人工智能系统的原理、功能、应用场景等关键信息，提高透明度，接受公众质询。

从社会层面来看，公众、媒体、社会组织等都应积极参与人工智能治理。公众要提高警惕，谨慎使用人工智能产品，不轻易泄露个人信息；媒体要加强舆论监督，曝光人工智能技术滥用乱象；社会组织可以开展相关的宣传教育活动，普及人工智能安全知识，提高全民的防范意识和能力；高校、科研机构等应加强人工智能伦理、安全方面的研究，为人工智能治理提供理论支撑和解决方案。

五、人工智能与思想政治教育的融合策略

（一）教学模式创新

人工智能技术的迅猛发展为高等教育教学模式的变革提供了前所未有的机遇。在思想政治教育领域，人工智能正在催生一系列新的教学手段，为提升教学质量、培养时代新人开辟了广阔前景。

智能课堂是人工智能赋能思想政治教育的重要场景。传统的思政课课堂往往以教师讲授为主，学生被动接受知识，互动性和参与度不足；而智能课堂能够利用人工智能技术实现教学过程的智能化和个性化。例如，通过语音识别和自然语言处理技术，智能课堂可以准确捕捉大学生的提问和发言，并给出及时、精准的反馈；通过学情分析和知识推荐算法，智能课堂能够根据大学生的学习特点和认

知水平，推送个性化的学习资源和习题，实现因材施教。这种沉浸式、互动式的学习体验能够充分调动大学生的主动性和参与热情，提高思政课课堂的教学效果。

虚拟导师是人工智能技术赋能思想政治教育的另一个重要应用场景。虚拟导师利用自然语言处理、知识图谱等技术，能够与大学生进行智能化的问答和交流。一方面，虚拟导师可以辅助教师答疑解惑，缓解教师工作压力；另一方面，虚拟导师能够根据大学生的个性特点和学习需求，提供个性化的学习指导和心理疏导。相较于现实中的思政课教师，虚拟导师能够提供更加及时、便捷、无微不至的服务，满足大学生多样化、个性化的成长需求。同时，虚拟导师也能够帮助大学生养成自主学习的习惯，提高思想政治教育的实效性。

人工智能技术与思想政治教育的深度融合必将推动教学模式的革命性变革。未来的思政课课堂将是一个人工智能与教师、学生共同参与的智慧空间。在这个空间中，教师从单纯的知识传授者转变为学习的引导者和促进者；学生从被动的接受者转变为学习的主人和创造者；人工智能则扮演智能助手和个性化服务提供者的角色。三者协同配合、优势互补，共同构建起更加智能化、个性化、精准化的思想政治教育新生态。

（二）师生互动优化

人工智能技术的迅猛发展为高校思想政治教育教学手段的创新提供了广阔空间。其中，优化师生互动是人工智能赋能思想政治教育的重要方向之一。在传统的思政课教学中，师生互动往往局限于课堂讨论和面对面交流，互动形式单一，互动频率不高，难以充分调动大学生的参与热情；而人工智能技术的引入，能够突破时空限制，构建起更加多元、立体、高效的师生互动模式。

智能聊天机器人是优化师生互动的有效工具。教师可以利用自然语言处理、知识图谱等技术，开发一款能够模拟人类对话的聊天机器人，将其应用于思政课教学中。大学生可以随时随地与机器人"交流"，提出疑问、分享见解，获得及时、个性化的回应。这种互动方式打破了传统课堂教学的时空界限，为大学生提供了更加便捷、灵活的学习体验。同时，聊天机器人还能通过大数据分析，捕捉大学生的学习痛点和思想动态，为教师优化教学内容、改进教学策略提供参考。

虚拟现实技术的应用也能显著提升师生互动的广度和深度。教师可以利用虚拟现实平台，为大学生创设沉浸式、交互式的学习情境。例如，在学习中国革命历史时，教师可以带领大学生"穿越"时空，来到历史现场，亲历革命先辈的峥嵘岁月，感受他们的坚定信念和奋斗精神。在这个过程中，师生不仅能够实时交流、分享感悟，还能在情境体验中加深对理论知识的理解和认同。这种身临其境的互动模式将思想政治教育从抽象的概念传授转化为生动的情感体验，大大增强了教学的感染力和说服力。

（三）资源整合利用

人工智能与思想政治教育的深度融合需要系统整合各方面的教育资源，形成合力，为大学生的全面发展提供有力支撑。在资源整合利用方面，高校可以从以下几方面着手。

首先，要加强人工智能相关的硬件设施建设，为智能化教学提供物质基础。这包括建设智慧教室、配备智能化教学设备、升级校园网络等。同时，还要加大对人工智能教学平台、软件系统的研发和应用，为教师提供高效便捷的教学工具，为大学生营造沉浸式、个性化的学习环境。

其次，要整合优质的教学资源，打造智能化教学资源库。思想政治教育内容丰富多样，涉及哲学、政治学、法学、社会学等多个学科领域。传统的教学资源往往分散、割裂，难以有效满足教学需求。因此，要充分利用人工智能技术，对各类教学资源进行系统梳理和深度整合，建立结构化、可检索、易推送的智能资源库。这些资源可以包括理论知识、时事热点、案例素材、实践活动等，涵盖思政课教学的方方面面。

再次，要推动校内外资源的共建共享，拓展教学资源的广度和深度。一方面，校内各部门要加强协同配合，实现资源的互通有无。例如，思政课教师可以与心理健康教育中心合作，及时发现和干预大学生的心理问题；与学生工作部门联动，将日常思想教育与课堂教学有机结合。另一方面，要积极对接校外的思想政治教育资源，引入优秀的实践基地、志愿服务项目、网络思政平台等，为大学生提供丰富多元的教育形式，拓宽其视野和思路。

最后，还要注重加强教师队伍建设，提升教师应用智能技术整合资源的能力。思政课教师要主动学习人工智能相关知识，掌握智能化教学方法，熟练运用智慧教学平台开展教学活动。同时，高校要加大对教师的培训力度，定期开展人工智能教学研讨、经验交流等活动，帮助教师及时更新教育理念、提升信息化素养和教学能力，使其真正成为智慧教学的引领者和实践者。

第六章 新时代高校思想政治教育的实效性评估

第一节 新时代高校思想政治教育评估指标体系

一、思想政治素质评估指标

（一）思想政治觉悟

思想政治觉悟是衡量一个人政治素质的重要指标，是思想政治教育实效性评估的基础。它反映了一个人对马克思主义基本原理的认识水平，对社会主义核心价值观的认同程度，以及运用马克思主义立场、观点和方法分析问题、解决问题的能力。在新时代背景下，高校思想政治教育工作者必须准确把握思想政治觉悟的内涵，探索科学有效的评估方法，不断提升思想政治教育的针对性和实效性。

思想政治觉悟的形成是一个复杂的过程，既受个人认知发展水平的影响，又与个人所处的社会环境密切相关。马克思主义理论修养是思想政治觉悟的基础。只有系统学习马克思主义基本原理，深刻领会马克思主义的世界观和方法论，才能树立正确的人生观、价值观，提高运用马克思主义立场、观点和方法分析问题的能力。同时，思想政治觉悟的提升还需要在社会实践中得到检验和升华。参与社会实践活动，在实践中感悟真理、坚定信念，能够推动理论学习向实际行动的转化，使崇高理想落实到具体行动中。

评估思想政治觉悟需要建立科学的指标体系。首先，要考查个人对马克思主义基本原理的掌握程度，包括对唯物辩证法、历史唯物主义等重要理论的理解和运用能力。其次，要考查个人对社会主义核心价值观的认同程度，评估其践行社会主义核心价值观的情况。再次，要考查个人运用马克思主义立场、观点和方法分析问题的能力，评估其在现实问题面前的辩证思维能力和解决问题的能力。最后，还要关注个人在重大政治问题上的态度和表现，考查其政治立场的坚定性和政治鉴别力。

思想政治觉悟评估的方法应该多样化。传统的思想政治教育评估往往以考试测验为主，这种方式虽然便于量化，但难以全面、准确地反映个人的实际觉悟程度。因此，评估方法应该更加灵活，注重过程性评估和实践性评估。例如，可以通过平时的观察、谈话等方式，了解大学生在学习和生活中的思想动态；可以引导大学生撰写读书笔记、观后感等，考查其对理论的理解和认识；还可以组织大学生参与社会实践、志愿服务等活动，在实践中检验其思想觉悟的真伪。

提升大学生思想政治觉悟是一项系统工程，需要教师和大学生的共同努力。教师要加强马克思主义理论素养，提高运用马克思主义立场、观点和方法分析问题、解决问题的能力，用科学理论武装大学生头脑。同时，教师还要关注大学生的思想动态，针对大学生在理想信念、价值取向等方面存在的困惑和问题，及时进行引导和帮助。大学生要端正学习态度，自觉学习马克思主义理论，主动参与社会实践，在学习和实践中不断提升自身的思想政治觉悟。

思想政治觉悟是一个动态的概念，需要在实践中不断深化和发展。随着时代的发展和社会的进步，思想政治教育面临的形势和任务也在不断变化。这就要求高校思想政治教育工作者与时俱进，准确把握时代脉搏，创新教育内容和方法，不断增强思想政治教育的时代性和实效性。只有这样，才能引导大学生树立远大理想，坚定理想信念，自觉践行社会主义核心价值观，为实现中华民族伟大复兴的中国梦而不懈奋斗。

（二）政治理论水平

在新时代背景下，高校思想政治教育面临着新的机遇和挑战。传统的教育模式和评估方法已经难以适应新形势的要求，迫切需要创新发展，提升实效性。其中，大学生政治理论水平的评估是一个关键环节，直接关系到高校思想政治教育目标的实现。

大学生政治理论水平反映了其对马克思主义基本原理的掌握程度，以及运用马克思主义立场、观点和方法分析问题、解决问题的能力。这不仅涉及理论知识的学习，还涉及理论与实践的结合。因此，评估大学生政治理论水平，需要建立科学、全面的指标体系。

首先，评估指标应该突出马克思主义理论的指导地位。要考查大学生对马克思主义基本原理，如唯物史观、剩余价值学说、社会主义本质等的理解和掌握情况。同时，要关注大学生运用马克思主义理论分析中国特色社会主义伟大实践的能力，考查其用理论指导实践、用实践丰富理论的水平。

其次，评估指标应体现理论联系实际的要求。单纯考查大学生对理论知识的死记硬背是不够的，还要看其能否运用所学理论分析现实问题。可以设置一些开放性的论述题或案例分析题，引导大学生运用马克思主义的立场、观点和方法，分析经济、政治、文化、社会等领域的热点难点问题，提出自己的见解。这既能考查大学生理论功底，又能锻炼其理论思维能力。

再次，评估指标应兼顾知识、能力、素质等方面。政治理论水平不仅体现在知识的掌握上，还体现在政治素养、道德品质、家国情怀等方面。因此，在设计评估指标时，要注重考查大学生政治认同、道德修养、社会责任感等综合素质。可以对大学生日常表现、社会实践、志愿服务等进行多维度评估，从而全面了解大学生的成长发展情况。

最后，评估过程应强调过程性、发展性。政治理论水平的提升是一个循序渐进、不断深化的过程。因此，评估不应局限于一次考试，而应该贯穿于教育教学全过程。教师要及时跟踪大学生的学习状态和思想动态，有针对性地开展教育引导。同时，要创新评估方式方法，将定量评估和定性评估相结合，注重大学生的进步和发展。

建立科学、全面的大学生政治理论水平评估指标体系，对于准确把握高校思想政治教育实际效果，有针对性地改进工作方法，提高教育教学质量具有重要意义。这不仅有利于促进大学生全面发展，更有利于巩固马克思主义在意识形态领域的指导地位，培养担当民族复兴大任的时代新人。高校思想政治教育工作者要立足新时代、把握新要求，不断完善评估机制，推动思想政治教育创新发展，为以中国式现代化全面推进中华民族伟大复兴贡献智慧和力量。

（三）思想道德修养

思想道德修养是评估大学生思想政治素质的重要指标之一。它反映了一个人的价值取向、是非观念和行为准则，是个人修养和品行的集中体现。在新时代背景下，加强大学生思想道德修养，对于培养德智体美劳全面发展的社会主义建设者和接班人具有重要意义。

首先，在道德认知方面，一个人的道德认知水平决定了其能否正确判断是非善恶，做出符合社会主流价值观的选择。对大学生而言，道德认知的形成离不开系统的思想政治理论学习。通过学习马克思主义基本原理、中国特色社会主义理论体系等，大学生能够树立正确的世界观、人生观、价值观，掌握科学的思想方法和行为准则。同时，高校思政课还应注重引导大学生将所学知识内化为自身修养、外化为实际行动。只有在理论和实践的紧密结合中，大学生的道德认知才能不断提升，并转化为自觉的道德行为。

其次，思想道德修养还体现在道德情感方面。道德情感是推动个人遵守道德准则、践行道德行为的重要动力。对大学生而言，塑造高尚的道德情感，需要在思想政治教育中注重情感培养和心理疏导。一方面，教师应善于运用生动鲜活的案例，引导大学生在情感体验中感悟道德的意义和价值；另一方面，高校还应搭建心理健康教育平台，帮助大学生疏导情绪压力、提升情商修养。只有在理性认知和感性体验的交融中，大学生才能形成内心笃定、恪守道德的价值追求。

最后，思想道德修养还要求大学生能够自觉践行社会主义核心价值观。作为国家发展的生力军和民族复兴的希望所在，当代大学生肩负着重要的时代使命。将社会主义核心价值观内化于心、外化于行，是大学生思想道德修养的应有之义。在日常的学习生活中，大学生要以"爱国、敬业、诚信、友善"为行为准则，自觉传承中华民族的优良道德传统。同时，面对复杂多变的社会现实，大学生还需要用马克思主义立场、观点、方法审视分析问题，在继承传统和吸收外来文明成果的基础上，坚定"四个自信"，成为中国特色社会主义的坚定拥护者和忠实践行者。

从思想道德修养的现实表现来看，当代大学生总体上是向上向善、朝气蓬勃的一代。他们热爱祖国、砥砺奋进，在志愿服务、科技创新等领域展现出过硬的思想政治素质和道德操守；但同时也应看到，在多元文化交融、价值观念多样的时代背景下，极个别大学生的道德认知和价值取向出现了一定程度的偏差和迷茫。对此，高校思想政治教育工作者要高度重视，既要总结经验，又要直面问题，有的放矢地加强引导和教育。

二、学生思想道德水平评估指标

（一）道德认知

大学生的道德认知水平是评估高校思想政治教育实效性的重要指标。道德认知是个体对道德规范、道德原则的理解和判断能力，是道德行为的先决条件和基础。学生只有正确认识和理解道德规范的内涵和意义，才能自觉地将其内化为行为准则，并付诸实践。

高校思想政治教育的重要任务之一，就是帮助大学生树立正确的道德观念，提升道德认知水平。这需要教师在教学过程中，引导大学生深入思考道德问题的本质，理解社会主义核心价值观的深刻内涵，认识个人道德修养与社会发展的内在联系。通过系统学习马克思主义理论，大学生能够掌握辩证唯物主义和历史唯物主义的立场、观点和方法，树立正确的世界观、人生观和价值观，为提升道德认知奠定坚实的理论基础。

同时，思想政治教育还应注重发掘和运用丰富的案例资源，引导大学生在具体情境中分析道德难题，进行道德推理和判断。例如，教师可以选取现实生活中的道德事件，组织大学生开展小组讨论或角色扮演，引导其换位思考，理性分析利弊得失，在交流碰撞中加深对道德原则的理解和认同。又如，教师可以充分利用先进典型事迹，引导大学生感悟道德楷模的高尚品质，在潜移默化中强化道德意识，提升道德认知能力。

评估大学生道德认知水平，需要构建科学、多元的评估指标体系。评估不能仅局限于道德知识的掌握程度，还要关注大学生运用道德原则分析问题、解决问题的能力。因此，在设计评估内容时，应将道德认知与道德判断、道德选择等能力有机结合，考查大学生在复杂情境中运用道德知识的水平。同时，评估方式也应灵活多样，可以采取问卷调查、个人访谈、情境测试等方法，多角度、立体化地考查大学生的道德认知状况。

（二）道德行为

大学生的道德行为不仅关乎个人的修养和品格，更影响着社会的和谐稳定与可持续发展。作为高校思想政治教育评估的重要指标之一，大学生道德行为的评估需要建立在科学、全面的理论基础之上，同时注重评估方法的针对性和实效性。

从理论层面来看，大学生道德行为的内涵十分丰富，涵盖了个人修养、人际交往、社会责任等诸多方面。个人修养是大学生道德行为的基础，它要求大学生诚实守信、自尊自律，培养良好的行为习惯。在人际交往中，大学生应当尊重他人，善于沟通，学会换位思考，构建和谐的人际关系。对于社会责任，大学生应当树立家国情怀，勇于承担社会责任，积极投身志愿服务，回馈社会，助力国家发展。只有全面把握大学生道德行为的丰富内涵，才能为评估工作提供理论指引。

在实践评估中，需要根据大学生道德行为的特点，选择恰当的评估方式。传统的评估多以他评为主，如教师评估、同学互评等，这些方式虽然一定程度上能够反映大学生的道德行为表现，但也存在主观性强、针对性不足的问题。因此，应当积极探索将他评与自评、定性评估与定量评估相结合的综合性评估模式。鼓励大学生开展自评，引导其反思自身行为，既能增强评估的主体性，又有助于大学生道德意识的内化；运用科学的量化指标，客观记录大学生道德行为表现，能够提高评估的精准度。此外，道德实践活动也是评估大学生道德行为的重要途径。高校可以通过组织志愿服务、社会实践等活动，让大学生在实践中锤炼品格、提升修养，既丰富了评估形式，也强化了知行合一的效果。

值得注意的是，大学生道德行为的养成是一个长期的过程，评估工作应体现发展性和引导性。评估不应局限于对大学生道德行为的静态呈现，还应关注其动态变化和成长轨迹。教师要树立成长型思维，用发展的眼光看待大学生，注重过程性评估，及时发现大学生的进步，给予积极反馈，增强其道德实践的自信心和动力。同时，要根据评估结果有针对性地加强引导，帮助大学生发现不足，改进提高，实现自我完善。只有坚持发展性和引导性评估，才能助力大学生道德行为的持续优化。

建立科学有效的学生道德行为评估指标体系，是高校思想政治教育提质增效的必然要求。它不仅为思想政治教育工作者提供了切实可行的评估依据，还为大学生德育实践指明了努力方向。在今后的工作中，高校要立足育人导向，不断完善评估内容，创新评估方法，将评估与教育教学实践深度融合，真正发挥评估的"指挥棒"作用，引领大学生德智体美劳全面发展，培养担当民族复兴大任的时代新人。

（三）社会责任感

社会责任感是大学生思想道德水平的重要体现，它反映了个人对社会、国家和他人所应承担义务的认知和践行程度。在新时代背景下，高校思想政治教育更加注重引导大学生树立正确的世界观、人生观、价值观，培养其家国情怀和社会担当精神。作为思想道德水平评估的重要指标之一，社会责任感的培养和评估显得尤为重要。

首先，社会责任感体现在个人对国家和社会发展的关注程度上。一个具有高度社会责任感的大学生应该密切关注国家大事，了解社会发展动态，对重大事件有自己的见解和判断。这不仅需要大学生主动学习政治理论知识，更需要其走出校园、深入基层，在社会实践中感知国情民意。因此，在评估大学生社会责任感时，要考查其是否具备必要的政治理论素养，是否积极参与志愿服务、社会调查等实践活动，是否在实践中展现出为国分忧、为民解困的情怀和担当。

其次，社会责任感还体现在个人价值取向和行为方式上。一个富有社会责任感的大学生，应该具有正确的是非观念，能够抵制不良诱惑，自觉践行社会主义核心价值观。在日常学习、生活中，大学生应该尊老爱幼、助人为乐，在集体活动中敢于担当、乐于奉献。这就要求在评估大学生社会责任感时，不仅要考查其道德认知水平，还要注重其日常言行表现。只有深入大学生的学习、生活，观察其为人处事方式，才能真正了解其社会责任感的形成和发展情况。

最后，社会责任感的培养和评估还应重视大学生的职业道德修养。随着高等教育大众化的发展，大学生面临的职业选择日益多元。无论从事何种职业，都需要强烈的职业责任感和严谨的职业操守。作为未来社会的中坚力量，大学生必须树立正确的职业价值观，将个人发展与国家需要、社会进步紧密结合。在评估大学生社会责任感时，应该重点考查其职业认知和职业规划的情况，引导其树立远大理想和脚踏实地的务实精神，以积极的心态和昂扬的斗志投身于社会主义现代化建设的伟大实践之中。

三、教师思想政治教育能力评估指标

（一）教育理念

教师的教育理念是提高高校思想政治教育实效性的关键因素之一。它直接影响着教师的教学态度、教学方法和教学效果。一个优秀的思政课教师必须树立以学生为中心、以育人为本的教育理念，将立德树人作为教育的根本任务，努力为大学生的全面发展提供引导和帮助。

具体来说，思政课教师应树立"四个相统一"的教育理念。首先是坚持育人为本与专业教学相统一。思政课不仅要向大学生传授系统的马克思主义理论知识，还要注重大学生品德的培养和价值观的塑造。教师要善于将思想政治教育融入专业知识的讲授之中，引导大学生树立正确的世界观、人生观和价值观。其次是坚持显性教育与隐性教育相统一。除了课堂教学，思政课教师还应注重发挥自身的示范引领作用，在与大学生的日常交往中潜移默化地影响大学生，提高思想政治教育的针对性和实效性。再次是坚持理论教育与实践养成相统一。思想政治教育绝不能停留在口号和说教层面，而应引导大学生在社会实践中内化和践行马克思主义理论，增强大学生运用科学理论认识问题、分析问题和解决问题的能力。最后是坚持显性思政与隐性思政相统一。高校各门课程蕴含着丰富的思想政治教育资源，各学科教师都应挖掘所授课程的德育元素，与思政课教师形成合力，共同推进全员育人、全过程育人、全方位育人。

（二）教学方法

在新时代背景下，教师的教学方法直接关系到教学效果和人才培养质量。教师只有不断更新教育理念，创新教学方法，才能适应时代发展需求，提高教学实效性。

首先，以学生为中心，尊重学生的主体地位。传统的灌输式教学法已经不能满足当代大学生的学习需求。教师要充分发挥大学生学习的主动性和创造性，引导大学生主动思考、积极探索，培养其独立学习和自主思考的能力。例如，教师可以通过启发式教学，鼓励大学生提出问题、分析问题、解决问题；又如，教师可以组织小组讨论、案例分析等互动式教学活动，让大学生在交流碰撞中获得知识、形成能力。

其次，教学方法创新要注重理论与实践相结合。书本知识固然重要，但更关键的是培养大学生运用知识分析问题、解决问题的能力。教师应积极创设实践教学情境，为大学生提供动手操作、亲身体验的机会。例如，教师可以带领大学生走出课堂，深入社会、深入生活，在实践中感悟理论、运用知识；又如，教师可以利用现代信息技术手段，通过虚拟仿真等方式，让大学生在模拟环境中进行实践操作。理论学习和实践锻炼相互促进、相得益彰，必将大大提升教学效果。

最后，教学方法创新要与时俱进，紧跟时代发展步伐。当前，信息技术日新月异，知识更新速度加快，教师必须主动学习和运用现代教育技术，不断更新教学内容和教学手段。

（三）教学效果

教学效果的评估是高校思想政治教育教学过程中不可或缺的重要环节。通过科学、系统的评估，教师能够全面了解教学目标的达成情况，发现教学中存在的问题和不足，并据此调整教学策略、优化教学方法，最终实现教学质量的持续提升。

从知识传授的角度来看，教学效果评估应关注大学生对思想政治理论知识的掌握程度。这不仅包括马克思主义基本原理、中国特色社会主义理论体系等核心知识的理解和运用，还包括对社会热点问题的分析和判断能力。教师可以通过期末考试、课堂提问、小组讨论等多种形式，考查大学生知识掌握的广度和深度。同时，教师还应引导大学生将所学知识内化为自身的认知和思维方式，提高运用知识分析问题、解决问题的能力。

从能力培养的角度来看，教学效果评估应关注大学生思辨能力、实践能力等关键能力的提升。思政课教学不应局限于理论知识的传授，更应注重大学生批判性思维和创新意识的培养。教师可以通过设置开放性问题、组织辩论讨论等方式，引导大学生多角度分析问题，学会独立思考和明辨是非。同时，教师还应重视社会实践教学，鼓励大学生走出校园、深入基层，在实践中检验和运用所学知识，提升综合素质和实践能力。

从价值塑造的角度来看，教学效果评估应关注大学生价值观念、道德品质的形成和发展。思政课不仅要向大学生传授科学理论，更要引导大学生树立正确的世界观、人生观和价值观。教师应通过榜样示范、情境教学等方式，帮助大学生领悟社会主义核心价值观的深刻内涵，使学生自觉将其内化为信念和行动指南。此外，教师还应注重大学生道德品质的养成，引导其培养诚实守信、自强不息、敢于担当等良好品格。

从育人环境的角度来看，教学效果评估还应关注课堂教学氛围、师生互动等软环境因素对教学的影响。良好的课堂氛围能够调动大学生学习的主动性和积极性，促进师生之间、生生之间的交流互动，营造浓郁的育人氛围。教师应注重师德修养，以人格魅力感染和引导大学生，赢得大学生的信赖和尊重。同时，教师还应创新教学方法和手段，采用启发式、讨论式、参与式等教学模式，充分调动大学生的参与热情，使其在互动交流中产生情感共鸣，达成价值认同。

教学效果的评估不是一蹴而就的，而是一个持续、动态的过程。教师应树立科学的教学质量观，建立多元化的评估指标体系，综合运用定量评估与定性评估、过程性评估与终结性评估等方法，全面、客观地评估教学效果。同时，评估不应是教师单方面的行为，而应吸收学生、同行、教学管理部门等多方主体参与，形成多元评估反馈机制，促进评估结果的应用和改进。

四、校园文化建设评估指标

（一）校园文化氛围

校园文化氛围对于塑造大学生的价值观念、人格品质和行为习惯具有潜移默化的影响。积极向上、充满活力的校园文化氛围能够激发大学生的进取意识，培养其爱国主义情怀和社会责任感，引导其树立正确的世界观、人生观和价值观。反之，平庸、沉闷的校园文化氛围则会导致大学生精神空虚、价值迷失，甚至误入歧途。因此，加强校园文化建设，营造良好的文化氛围，已经成为当前高校思想政治教育工作的重要内容和紧迫任务。

校园文化氛围的培育需要高校教育工作者从多个维度入手，形成合力。其中，制度文化建设是基础。高校应该建立健全各项规章制度，明确师生行为规范，为校园文化建设提供制度保障。同时，高校还要重视精神文化建设。通过开展丰富多彩的校园文化活动，如主题演讲、辩论赛、社团活动等，营造积极进取、昂扬向上的文化氛围，塑造大学生的理想信念。此外，环境文化建设也不容忽视。高校要注重校园环境的优化和美化，营造温馨、和谐的人文环境，促进师生身心健康发展。

在校园文化氛围培育过程中，教师发挥着重要的引领作用。教师不仅要以身作则、为人师表，更要主动融入校园文化建设，成为校园文化的践行者和传播者。例如，教师可以积极参与各类文化活动的组织与指导，用自己的学识和人格魅力感染大学生，引导大学生形成正确的价值取向。同时，教师还要关注大学生的思想动态，及时发现和解决大学生成长过程中遇到的困惑和问题，做大学生成长路上的引路人。

校园文化氛围的营造离不开全体师生的共同参与。高校要充分调动大学生的主观能动性，鼓励大学生积极参与校园文化建设。例如，高校可以成立大学生文化社团，由大学生自主开展各类文化活动；又如，高校可以定期举办校园文化节，搭建大学生展示才华的平台。这些举措不仅能够丰富校园文化生活，更能够增强大学生的归属感和认同感，促进其全面发展。

校园文化氛围是一个动态发展的过程，需要与时俱进、不断创新。在新媒体时代，高校要积极利用网络平台，拓展校园文化建设空间。例如，高校可以建设校园文化网站，搭建师生交流互动的网上平台；又如，高校可以开设官方微博、微信公众号等，及时发布校园文化信息，扩大校园文化的影响力和辐射面。同时，高校还要注重校园文化建设的实效性，定期开展师生满意度调查，及时总结经验、改进不足，不断提升校园文化建设水平。

优良的校园文化氛围能够润物无声地影响每一位师生，使其在潜移默化中受到教育和熏陶。它不仅是大学生成长成才的沃土，更是高校凝聚人心、推动发展的精神动力。在新时代背景下，高校要立足立德树人根本任务，聚焦社会主义核心价值观培育，不断深化校园文化建设，为大学生的全面发展营造良好环境，为国家培养德智体美劳全面发展的社会主义建设者和接班人。只有这样，才能不断开创校园文化建设新局面，为实现高等教育内涵式发展注入强大动力。

（二）校园文化活动

创新、精彩、丰富多样的校园文化活动是思想政治教育不可或缺的重要载体。校园文化的熏陶对于塑造大学生的人格品质、价值观念和行为方式具有潜移默化的影响。积极向上、健康有益的校园文化活动能够陶冶大学生情操，激发大学生爱国热情，培养大学生创新精神和实践能力。它为思想政治教育创造了生动活泼的环境氛围，增强了思想政治教育的感染力和吸引力。

从育人功能的角度来看，校园文化活动是思想政治教育的重要补充和延伸。各类学术讲座、社团活动、文体竞赛等，都蕴含着丰富的思想内涵和教育价值。这些活动不仅能够帮助大学生开阔视野、增长知识，更能引导大学生树立正确的世界观、人生观和价值观。例如，组织红色经典诵读会、革命传统教育参观等爱国主义教育活动，可以让大学生深切感悟先烈的崇高精神，增强民族自豪感和社会责任感。又如，开展志愿服务、公益劳动等社会实践活动，能够培养大学生奉献精神和责任意识，引导他们将个人理想自觉融入国家和民族的伟大事业之中。由此可见，校园文化活动与思想政治教育同向同行，在塑造大学生精神世界、提升综合素质方面发挥着不可替代的作用。

从教育方式的角度来看，校园文化活动代表了一种新型的教育模式。传统的思想政治教育往往以说教、灌输为主，忽视了大学生的主体地位和参与意识；而校园文化活动则强调大学生的自主性和能动性，鼓励他们参与活动的策划、组织和实施。在校园文化活动中，大学生不再是被动的接受者，而是积极的参与者和创造者。这种亲身实践的过程能够让思想政治教育内化为大学生的行动自觉，外化为良好的行为习惯。同时，校园文化活动还有利于营造民主、平等、融洽的师生关系。在轻松愉悦的氛围中，师生之间思想碰撞、情感交流，既拉近了彼此的距离，又增进了相互的理解与信任。这为思想政治教育的顺利开展创造了良好的人际环境。

当然，校园文化活动要真正发挥育人功能，还需要遵循一定的原则和要求。首先，活动内容要积极健康，引导方向要正确。要坚持以社会主义核心价值观为引领，弘扬真善美，抵制假恶丑。其次，活动形式要新颖多样，要紧扣时代脉搏，关注大学生的兴趣爱好，增强活动的吸引力和感染力。再次，活动组织要科学规范，要建立健全管理制度，加强过程指导和效果评估，提高活动的教育实效。最后，活动参与要广泛深入，要充分调动大学生的积极性，让不同年级、不同专业的学生都能参与其中，共同营造良好的校园文化氛围。

（三）校园文化设施

校园文化设施建设是推动高校思想政治教育工作创新发展的重要载体。它不仅为大学生提供了丰富多彩的文化生活，更在潜移默化中对其价值观念、道德情操产生积极影响。良好的校园文化设施能够营造浓郁的育人氛围，激发学生爱国主义情怀，引导其树立正确的世界观、人生观和价值观。因此，加强高校校园文化设施建设，已经成为新时代加强和改进大学生思想政治教育的必然要求。

高校校园文化设施建设要突出思想性和艺术性的有机统一。一方面，校园文化设施必须体现社会主义核心价值观，弘扬中华优秀传统文化，传递正能量。校园雕塑、标语口号、橱窗展览等，都要选择富有教育意义的内容，激发大学生的爱国之情、进取之心。另一方面，校园文化设施的设计和建造要力求新颖别致、美观大方，给人以美的享受和艺术的熏陶。这就要求高校在规划设计阶段，充分征求专业人士和大学生的意见，努力塑造形式新颖、内涵丰富的文化景观，提升校园文化品位。

高校校园文化设施建设要注重互动性和参与性。大学生思想活跃、个性张扬，渴望表达自我、施展才华。校园文化设施建设要为其提供充分的平台和空间。例如，可以开辟大学生艺术作品展示区，定期举办书画摄影比赛；又如，可以建设自由对话和思维碰撞的"思辨广场"，组织大学生开展主题辩论或专题讨论。通过搭建互动平台，鼓励大学生广泛参与，校园文化建设才能真正做到"为学生所用、为学生所享、为学生所创"。这不仅有利于提高大学生的文化自觉和参与热情，更能在实践中引导大学生形成正确的价值取向。

高校校园文化设施建设要体现多元性和包容性。当代大学生思想日益多元，文化需求呈现出多样化特点。高校要尊重大学生的个性差异，满足其不同文化诉求。这就要求校园文化设施的布局要全面均衡，形式要丰富多样，既有传统经典的内容，又有现代时尚的元素；既有雅俗共赏的通俗项目，又有高雅脱俗的精品力作。如此，才能构建起多层次、多样化的校园文化体系，最大限度地满足大学生的精神文化需求。与此同时，还要重视弱势群体和特殊群体的文化需求，如为残障学生提供无障碍的文化设施，为少数民族学生营造具有民族特色的文化氛围，让每一位大学生都能在校园文化建设中找到归属感和认同感。

高校校园文化设施建设是一项系统工程，需要全校师生共同参与、齐抓共管。学校党政领导要高度重视，将其纳入学校整体发展规划；宣传、学工、团委等部门要通力合作，集思广益，形成工作合力；广大教师要发挥主导作用，做文化设施育人功能的开发者和践行者；大学生则要成为文化设施的使用者、传播者和创造者。只有如此，校园文化设施才能真正发挥育人功效，为培养德智体美劳全面发展的社会主义建设者和接班人提供坚实保障。

五、社会实践活动评估指标

（一）实践活动参与度

社会实践活动是高校思想政治教育的重要载体，对于增强教育的针对性和实效性具有不可替代的作用。一方面，社会实践能够帮助大学生深入基层、了解国情，在服务社会的过程中坚定理想信念、厚植爱国情怀。另一方面，在实践中接受锻炼、积累经验，也有利于大学生综合素质和实践能力的提升。因此，高校应该高度重视社会实践活动在思想政治教育中的地位和作用，充分发挥其育人功能。

其一，要考查大学生的参与度。广泛的参与是社会实践发挥育人作用的基本前提。只有组织大学生走出校园、深入社会，亲身体验实践过程，才能使学生收获理论与实际相结合的宝贵经验。因此，高校应该通过多种途径，最大限度地调动大学生参与社会实践的积极性。一是加强组织动员和思想发动工作，提高大学生对社会实践重要性的认识，增强其参与的主动性和自觉性。二是搭建多样化的实践平台，满足大学生的个性化需求和兴趣爱好，为不同专业、不同层次的大学生提供参与实践的机会。三是完善保障和激励机制，在政策、经费、师资等方面为大学生参与实践提供必要支持，并建立科学合理的评估指标体系，激发大学生投身实践的热情。

其二，社会实践活动要坚持量与质并重，既要扩大参与面，又要注重实践实效。一味追求动员率、覆盖面，而忽视活动的内涵建设，很容易导致社会实践流于形式、止于表面。因此，在提高大学生参与度的同时，更要注重实践育人的针对性和有效性。一方面，社会实践的内容设计要紧密结合大学生成长成才的需求，聚焦学科专业特点、个人发展目标等，增强实践过程对大学生的吸引力。另一方面，实践活动的开展要突出思想引领和价值引导功能，通过科学的实践主题和鲜活的实践案例，引导大学生在服务社会中坚定理想信念，在奉献他人中升华品德情操。只有显性教育和隐性熏陶有机结合、同向同行，社会实践的综合育人功能才能得到最大化发挥。

评估社会实践活动的参与度，既要看学生参与的数量规模，又要看参与的质量水平。只有坚持以学生发展为中心、以实践实效为导向，创新实践内容和方式，才能不断提升大学生参与实践的广度和深度，使社会实践真正成为铸魂育人的大熔炉。这既是新时代加强和改进高校思想政治教育的必然要求，又是培养担当民族复兴大任时代新人的内在需要。

（二）实践活动效果

社会实践活动效果是衡量高校思想政治教育实效性的重要指标之一。新时代背景下，随着社会主义核心价值观建设的深入推进，高校思想政治教育越来越注重培养大学生的家国情怀、实践能力和创新精神。社会实践活动恰恰为大学生提供了深入社会、了解国情民意的平台，也为其成长成才、锤炼品格意志提供了广阔舞台。因此，深入评估社会实践活动效果，对于提升高校思想政治教育的针对性和实效性具有重要意义。

从育人目标的达成度来看，社会实践活动效果评估应聚焦于大学生综合素质的提升。一方面，通过社会实践，大学生能够将课堂所学的理论知识与社会现实相结合，加深对党的基本理论、基本路线、基本方略的理解和认同，坚定"四个自信"，树立为人民服务的意识。另一方面，社会实践活动有助于大学生全面发展，在服务社会、奉献他人的过程中培养责任担当精神，在解决实际问题的过程中提升实践能力，在开拓创新的过程中锻造创新思维。这些宝贵的素质，都将成为大学生未来成长发展的精神财富。

从实践过程的规范性来看，社会实践活动效果评估需关注活动组织实施的科学性。高质量的实践活动应有明确的主题和目标、周密的策划和组织、规范的过程管理，以及及时的总结反馈。这就要求高校加强对实践活动的全过程指导，建立健全相关管理制度，明确各环节的职责分工和考核标准。同时，要充分发挥基层党组织和学生骨干的作用，加强对学生的引导和帮扶，确保实践活动有序开展、师生积极参与。只有进一步规范实践活动的组织实施，才能为评估其效果奠定坚实基础。

从育人成果的示范度来看，社会实践活动效果评估还应关注优秀成果的总结推广。在实践过程中涌现出的先进典型和优秀成果，不仅彰显了活动的育人价值，还是推动思想政治教育创新发展的生动教材。因此，高校要高度重视实践育人成果的挖掘和宣传，通过专题研讨、成果展示、经验交流等方式，加强优秀成果的转化应用。同时，要发挥先进典型的示范引领作用，激励更多大学生投身社会实践，在亲身参与中感悟真理、砥砺品行、奉献社会。优秀成果的辐射带动效应，必将进一步提升社会实践活动的整体效果。

从评估的科学性来看，社会实践活动效果评估还需建立科学合理的评估指标体系。评估指标的设置要全面客观，涵盖育人目标达成度、实践过程规范性、育人成果示范度等维度，既要定量分析，又要定性描述，力求准确反映实践活动的效果。同时，评估的实施要突出师生主体地位，通过自评、互评、第三方评估等多元方式，鼓励师生参与其中、畅所欲言，提高评估结果的可信度。建立常态化的评估机制，既要总结经验、发现问题，又要研判形势、改进措施，推动社会实践活动的螺旋式上升、提质增效。

（三）实践活动创新性

实践活动创新性是评估高校社会实践教育质量的重要指标。新时代背景下，社会实践活动已不再局限于传统的社会调查、志愿服务等形式，而是呈现出多样化、个性化的发展趋势。一方面，随着信息技术的迅猛发展，网络媒体、虚拟现实等新兴技术为社会实践活动创新提供了广阔空间。大学生可以借助互联网平台，开展网络问卷调查、在线访谈、数据分析等实践活动，拓宽了实践渠道，丰富了实践内容。另一方面，高校也日益重视实践活动的针对性和实效性，鼓励大学生立足专业特色，发挥学科优势，开展富有创意的实践项目。例如，工科专业学生可以利用所学知识，研发具有社会价值的科技产品；艺术专业学生可以创作反映社会现实的音乐、美术作品；教育专业学生可以深入中小学一线，开展教学改革实践。这些个性化、专业化的实践活动，不仅彰显了大学生的创新意识和创造力，更凸显了实践育人的时代特色。

衡量实践活动创新性的关键在于，活动是否突破了传统模式的局限，是否体现了时代发展的要求。一个富有创新性的实践活动，应该具备以下几个特征。第一，选题紧扣社会热点和发展前沿。当代大学生应该把握时代脉搏，将实践选题与经济社会发展的重大问题、人民群众的现实需求紧密结合，在服务社会的过程中实现自身价值。第二，运用新技术、新方法开展实践。面对信息时代的机遇和挑战，大学生要勇于尝试前沿科技，用互联网思维、大数据分析等新方法武装头脑，以开放、创新的姿态投身实践。第三，彰显学科专业特色。实践活动不应是简单的经验复制，而应充分体现各学科专业的特点和优势。大学生要立足所学、发挥所长，用专业的理论和方法分析、解决实际问题。第四，注重成果转化和应用推广。创新性实践活动必须立足现实土壤，致力于产出具有社会影响力和应用价值的成果。大学生要重视实践成果的宣传推广，努力实现知识向生产力的转化，促进科技成果的转移转化。

高校在社会实践活动评估中，要把创新性作为重要考量维度。一方面，要建立科学完善的创新性评估指标体系，从选题、方法、专业特色、成果转化等多角度，全面考查实践活动的创新水平。另一方面，要营造鼓励创新的制度环境和氛围，在项目申报、过程指导、成果奖励等环节，向创新性实践活动倾斜，以"软硬兼施"的方式激发大学生创新热情。同时，高校还要加强创新创业教育，提升大学生创新意识和创新能力，为开展高水平实践活动奠定基础。此外，加强校企、校地、校校合作，整合多方创新资源，为大学生提供更多创新实践的平台和机会，也是推动社会实践创新发展的重要举措。

第二节　新时代高校思想政治教育评估方法与工具

一、主要评估方法

（一）定量评估方法

1. 数据收集与分析

数据收集与分析是定量评估高校思想政治教育实效性的基础和前提。在新时代背景下，高校思想政治教育面临着诸多新情况、新问题，传统的评估方式已难以全面、客观地反映教育实际效果。因此，创新数据收集与分析方法，提高评估的科学性和针对性，已成为深化高校思想政治教育改革的必然要求。

高校思想政治教育数据的收集应坚持全面性和代表性相统一的原则。一方面，要充分利用信息技术手段，通过问卷调查、访谈座谈、行为观察等多种渠道，全方位收集反映师生思想动态、价值取向、行为表现的第一手资料，努力消除数据盲区和空白点。另一方面，面对海量的教育数据，还需要运用科学的抽样方法，选取具有代表性的样本进行重点分析，以期最大限度地还原教育现场的真实图景。

在数据分析环节，要坚持定性与定量相结合的方法论原则。定量分析通过数理统计等手段，揭示数据背后隐藏的规律和趋势，为教育决策提供精准的数据支持。运用因子分析、聚类分析等方法，定量分析可以识别影响思想政治教育实效性的关键因素，刻画不同群体的思想行为特征。定性分析则侧重从思想内涵、情感体验等维度解读数据，挖掘师生在思想政治教育活动中的真实感受和需求，为优化教育内容和方式提供依据。二者相互补充、相得益彰，共同服务于思想政治教育评估的目标。

数据收集与分析的创新离不开现代信息技术的支撑。大数据、人工智能等新兴技术为精准采集、智能分析教育数据提供了新的路径和可能。借助大数据平台，可以实现海量数据的存储、清洗和挖掘，发现隐藏在教育活动中的关联规则和预测模型。人工智能技术的应用则有助于提高数据分析的效率和准确性，通过自然语言处理、情感计算等算法，智能解析文本、语音、图像等非结构化数据，全面把握师生思想状况。同时，融媒体环境下衍生的社交网络数据、行为轨迹数据等，也是思想政治教育亟待开发利用的宝贵资源。

诚然，数据驱动的评估理念和方法在高校思想政治教育领域方兴未艾，但其蕴藏的潜力和价值已初步显现。数据的全面收集和科学分析可以破解长期困扰思想政治教育评估的主观性、随意性问题，使评估结论更加客观、精准，从而有的放矢地指导教育实践。数据视角下，高校思想政治教育呈现出崭新的图景：教育者可以洞察每一位学生的思想动向，因材施教；管理者可以实时掌控教育工作动态，科学决策；学生也能够更加直观地认识自身的成长变化，自主调适。

当然，在数据为王的时代，高校思想政治教育评估绝不能简单地被数据化、工具化，而应始终坚持育人为本的价值追求。收集数据不是目的，分析数据也非终极，其归宿在于用数据更好地观照教育事实，用数据更精准地赋能教育实践。只有将发展的数据观和科学的教育观、政治观有机统一，坚持从师生需求出发设计评估指标，注重从政治素养、思想意识、道德品质等多维度评判教育实效，高校思想政治教育评估才能真正彰显其价值意义，为培养德智体美劳全面发展的社会主义建设者和接班人提供有力的学理支撑。

2. 统计模型应用

在高校思想政治教育的定量评估中，统计模型发挥着不可或缺的作用。科学、合理的统计模型可以更加准确、客观地描述教育现状，揭示教育规律，预测教育趋势，为教育决策提供可靠依据。具体而言，统计模型在高校思想政治教育评估中的应用主要体现在以下几方面。

第一，统计模型有助于构建科学的评估指标体系。高校思想政治教育是一个复杂的系统工程，涉及教育目标、教育内容、教育方法、教育效果等诸多要素。为了全面评估教育质量，需要从多个维度设计指标，形成完整、系统的指标体系，而统计模型则为指标体系的构建提供了理论基础和技术支撑。运用因子分析、主成分分析等统计方法，统计模型可以探究教育要素之间的内在联系，筛选出关键指标，确保指标体系的科学性、可操作性。

第二，统计模型有助于揭示教育活动的内在规律。高校思想政治教育活动错综复杂，受到诸多因素的影响和制约。单纯依靠经验和直觉很难准确把握其中的规律。运用相关分析、回归分析等统计方法，统计模型可以定量描述各因素与教育效果之间的关系，判断影响因素的显著性，进而发现教育活动的内在机理。这不仅有利于高校思想政治教育工作者深化对教育规律的认识，也为优化教学设计、改进教学管理提供了依据。

第三，统计模型有助于评估教育效果和诊断教育问题。通过建立结构方程模型、多层线性模型等，统计模型可以综合分析各类教育数据，评估教育措施的实施效果，甄别教育过程中存在的突出问题。例如，可以比较不同教学方式对大学生思想认识的影响，识别制约教学质量提升的瓶颈因素。这些分析结果为改进教育实践、提高教育质量指明了方向。

第四，统计模型有助于预测教育发展趋势。教育活动具有一定的延续性和滞后性，当前的教育效果往往是过去一段时期教育积累的结果。运用时间序列、马尔可夫链等动态模型可以揭示教育发展的历史轨迹和未来走向，做出中长期预测。这为制定教育发展规划、调配教育资源提供了前瞻性的决策参考。

运用统计模型开展高校思想政治教育评估，必须坚持以人为本、立德树人的原则，尊重教育规律和大学生成长规律，注重保护大学生隐私，提高大学生参与的主动性。同时，还应该建立健全数据采集、质量控制、安全保密等配套机制，为模型应用创造良好条件。

3. 评估指标体系构建

评估指标体系的构建是评估思想政治教育实效性的关键环节。科学、合理的评估指标体系能够为评估工作提供可靠的依据和标准，有助于全面、客观地反映思想政治教育的现状和问题，为教育决策提供重要参考。构建评估指标体系需要遵循一定的原则和方法，既要体现思想政治教育的特点和规律，又要符合评估活动的客观要求。

从内容上看，思想政治教育评估指标体系应该涵盖思想政治教育的各个方面，包括教育目标、教育内容、教育方法、教育效果等。教育目标指标主要评估思想政治教育是否符合党和国家的要求，是否契合大学生成长成才的需要；教育内容指标重点评估教育内容的科学性、时代性和适用性；教育方法指标着眼于教育方式的多样性、互动性和实效性；教育效果指标则综合评判大学生在知识、能力、情感、态度、行为等方面的变化和提高。这些指标相互联系、相互影响，共同构成了一个完整的有机整体。

从形式上看，评估指标体系的构建应该坚持定性与定量相结合、过程性评估与结果性评估相统一的原则。定性指标侧重于对思想政治教育各要素的描述和分析，定量指标则运用数理统计等方法对相关数据进行处理和呈现。二者相辅相成，可以从不同角度反映思想政治教育的实际情况。同时，评估指标既要关注思想政治教育活动的过程，如教师的教学投入、学生的参与度等，又要重视教育活动的结果，如大学生思想政治素质的提升、价值观念的形成等。唯有将过程性指标和结果性指标有机结合，才能全景式地展现思想政治教育的全貌。

构建科学、规范的评估指标体系是一项复杂的系统工程，需要理论与实践的结合、主观与客观的统一。在理论层面，研究者要立足思想政治教育的本质属性和发展规律，借鉴教育评估、管理学等相关学科的理论成果，形成系统、科学的评估指标体系构建方法论。在实践层面，研究者要深入教育教学一线，通过调查研究、访谈座谈、问卷调查等方式广泛征求师生的意见建议，了解不同主体对评估指标设计的真实想法和切实需求。只有实现理论与实践的良性互动，主观设计和客观需求的有效对接，才能生成一套切合思想政治教育实际、满足评估工作需要的评估指标体系。

（二）定性评估方法

1. 访谈与问卷调查

访谈和问卷调查是定性评估高校思想政治教育实效性的两种重要方法。与定量评估不同，定性评估更加注重从个体的主观体验和感受出发，深入挖掘思想政治教育过程中的影响因素和内在机制。通过访谈和问卷调查，评估者可以直接与思想政治教育的参与者进行面对面的交流，了解他们对教育内容、方式、效果等方面的看法和建议，从而获得更加真实、丰富的一手资料。

在设计访谈提纲和问卷时，首先要明确评估的目的和重点。通常，访谈提纲和问卷的内容会围绕思想政治教育的主要环节展开设计，如教育目标的设定、教育内容的选择、教育方法的运用、教育效果的反馈等；同时，还要考虑不同利益相关者，如学生、教师、管理者等的特点和需求，设计针对性强、易于理解和作答的问题。在形式上，访谈提纲要体现出一定的灵活性和开放性，既要有基本的提问框架，又要给受访者充分表达的空间；而问卷则要注重题目的逻辑性和排列顺序，避免引导性过强或过于敏感的问题。

在实施访谈和问卷调查时，要格外注意营造轻松、友好的氛围，让参与者能够放下戒备，畅所欲言。在访谈中，访谈者要掌握恰当的提问技巧，如循序渐进、举例说明、追问细节等，引导受访者深入思考和表达。同时，访谈者要认真倾听、及时记录，对受访者的观点和情绪给予尊重和理解。在问卷调查中，调查者要为调查对象提供充足的时间和私密的空间，避免施加任何压力或干扰。必要时，调查者还可以对调查对象的疑虑给予耐心解答，提高问卷的回收率和有效性。

通过访谈和问卷调查等定性评估方法获得的资料，往往更加生动、深入，能够反映思想政治教育实践的复杂性和多样性。然而，与此同时，定性资料也面临着效度和信度的挑战。例如，在访谈中，受访者的主观性、受访者的表达能力、访谈者的引导方式等，都可能影响资料的真实性和准确性。因此，在分析和运用定性资料时，评估者要秉持审慎、严谨的态度，既要充分挖掘资料的价值，又要警惕过度主观化的倾向。通过多种方法的交叉印证，如访谈与问卷调查结果的对比、不同利益相关者的观点比较等，评估者可以提高定性评估的可信度和说服力。

2. 质性数据分析

质性数据分析是新时代高校思想政治教育实效性评估中的重要方法。与定量评估注重数据收集和统计分析不同，质性评估更加关注思想政治教育过程中师生互动、价值引领、情感体验等难以量化的因素。通过访谈、问卷、案例研究等方式，质性评估能够深入挖掘大学生的真实想法和内心感受，了解思想政治教育的实际效果。

具体来说，访谈和问卷调查是质性数据收集的主要途径。教师可以通过个人访谈或焦点小组讨论，与学生面对面交流，了解其对思政课内容、教学方式、师生关系等方面的看法和建议。同时，教师精心设计的开放性问卷也能够引导学生表达内心真实想法，提供丰富、翔实的第一手资料。在设计访谈提纲和问卷题目时，教师要注重问题的针对性和开放性，提供足够的表达空间，同时也要兼顾问题的逻辑性和系统性，确保收集到的信息全面、可靠。

在质性数据分析阶段，案例研究是一种行之有效的方法。教师可以选取典型的教学案例或学生个案，如思政课课堂上的热点问题讨论、大学生在社会实践中的成长经历等，进行深入剖析和反思。通过梳理案例发生的背景、过程、结果，分析其中的成功经验和存在问题，教师能够总结出思想政治教育的规律和特点，优化教学方式和内容设计。同时，教师还可以运用多种质性数据分析技术，如主题分析、语义分析等，从访谈记录、问卷答案中提炼关键词、主题和情感倾向，挖掘深层次的教育效果和学生反馈。

需要强调的是，质性评估绝非主观臆断，而是需要遵循严谨的研究逻辑和方法论。在分析过程中，教师要秉持开放、中立的态度，尊重学生的主体地位，客观呈现其真实想法。同时，教师要注重质性评估的伦理要求，如保护学生隐私、获得知情同意等。通过规范、系统的质性数据分析，教师能够获得思想政治教育实效的真实数字画像，发现问题症结，提出改进对策。

推进新时代高校思想政治教育，离不开科学完善的评估体系，而发挥质性数据分析的独特优势，则是提升评估精准度、指导性的关键所在。通过扎实开展访谈、问卷调查、案例研究等质性评估，教育工作者能够真切把握大学生的成长状况和内心世界，洞察思想政治教育的实际效果。在定量评估的基础上，质性数据分析如同一束聚光灯，照亮思想政治教育的核心要义，为理论和实践创新提供源源不断的动力。高校只有不断创新完善评估方法，提升质性数据分析水平，才能真正厘清新时代高校思想政治教育的现状与问题，推动思想政治教育工作不断迈上新台阶。

3. 案例研究法

案例研究法作为一种定性研究方法，在新时代高校思想政治教育评估中具有独特优势。它通过对具体案例的深入剖析，能够揭示思想政治教育过程中的典型问题和规律，为教育实践提供借鉴和启示。

案例研究法的核心在于选取具有代表性的案例进行系统研究。在选择案例时，研究者需要充分考虑案例的典型性、多样性和可比性。典型性要求所选案例能够反映思想政治教育评估中的普遍问题和一般规律；多样性要求案例涵盖不同类型的高校、不同专业的学生、不同形式的教育活动等，以增强研究结论的适用范围；可比性则要求案例之间具有一定的相似性，便于开展对比分析，发现共性和差异。

在具体研究过程中，案例研究法需要研究者运用多种数据收集方式，如访谈、问卷调查、实地观察等，以全面、客观地了解案例的情况。研究者要深入案例发生的真实情境中，与案例主体进行充分互动，获取第一手资料。同时，研究者还要注重案例的历史脉络和发展动态，挖掘事件发生的深层次原因。在此基础上，研究者需要运用归纳、演绎等逻辑方法，分析案例蕴含的规律性认识，并上升到理论高度。

案例研究法的优势在于，它能够提供鲜活、生动的实例，将抽象的理论与具体的实践相结合，增强研究结果的说服力和感染力。通过对典型案例进行剖析，研究者能发现思想政治教育评估中一些容易被忽略的问题，如评估主体的主观性、评估方法的局限性、评估结果的片面性等，进而有针对性地提出改进措施。此外，研究者运用案例研究法，还能够揭示不同主体在评估过程中的认知差异和行为逻辑，促进评估者换位思考，提高评估的科学性和有效性。

事实上，国内外很多学者都尝试运用案例研究法探讨高校思想政治教育评估问题，并取得了丰硕成果。他们或聚焦于某一典型高校的评估实践，如北京大学、清华大学等；或比较不同类型高校的评估异同，如综合性大学与理工科院校、本科院校与高职院校等；或剖析国外高校的评估经验，如美国、英国、日本等。这些研究从不同视角展现了案例研究法的适用性和有效性，对推动我国高校思想政治教育评估实践具有重要启示意义。

在新时代背景下，高校思想政治教育评估面临着新的挑战和机遇。一方面，评估内容日益多元，涵盖了价值引领、能力培养、实践育人等多个维度；另一方面，评估主体日益多样，不仅包括教师、学生，还涉及用人单位、家长、社区等利益相关方。如何构建科学、规范的评估指标体系，如何整合各方力量形成评估合力，如何运用评估结果指导教育教学改革，都是亟待解决的现实问题。案例研究法以其独特的方法论优势，必将在破解这些难题、推进评估创新中发挥重要作用。

（三）混合评估方法

1. 混合方法设计

混合方法设计是混合评估方法的一种特定形式，是新时代高校思想政治教育实效性评估的重要途径。它融合了定量评估和定性评估的优势，能够从多维度、多层次、多视角对思想政治教育的效果进行全面评估。混合方法设计的核心理念在于定量与定性评估的有机结合。定量评估侧重于对教育效果的数字化衡量，通过统计分析揭示整体趋势和规律；而定性评估则注重对教育过程的深入剖析，通过访谈、观察等方式挖掘个体的主观体验和独特见解。两种方法各有所长、相互补充。将二者有机结合，能够克服单一方法的局限性，实现评估视角的多元化和评估结果的全面性。

具体而言，混合方法设计可以从以下几方面推进高校思想政治教育评估。第一，丰富评估维度。定量评估能够从知识、能力、行为等维度对教育效果进行量化考查，而定性评估则能够从情感、态度、价值观等维度挖掘教育影响的深层次内涵。将两个维度有机整合，能够构建起更加立体、完整的评估框架。第二，拓展评估层次。高校思想政治教育是一个复杂的系统工程，涉及个体、群体、组织等多个层次。混合方法设计能够兼顾微观和宏观视角，既关注个体的成长变化，也考虑群体的整体特征，实现评估层次的全覆盖。第三，优化评估流程。在混合方法设计中，定量评估和定性评估可以平行开展，也可以有序衔接。例如，可以先通过定量问卷调查掌握总体情况，然后根据数据分析结果确定定性访谈的重点对象和主题，实现评估流程的优化设计。第四，提升评估精准度。定量数据能够刻画思想政治教育效果的总体图景，但难以揭示深层次原因；而定性材料则能够有针对性地揭示影响教育效果的关键因素。评估者可以将定量结果与定性发现进行比对，使二者相互印证、相互解释，能够大大提升评估分析的精准度。

当然，推进混合方法设计评估也面临着一些挑战。一是评估方案的科学性。混合方法设计对评估方案的系统性、可操作性提出了更高要求，需要评估者具备扎实的理论功底和实践经验。二是评估队伍的专业性。开展混合方法设计评估需要一支精通定量和定性技术、且能有效整合两类方法的复合型人才队伍。三是评估资源的保障性。与单一方法评估相比，混合方法设计评估在时间、经费、人力等方面往往需要更多投入，对评估资源提出了更高要求。

尽管困难和挑战并存，但混合方法设计评估仍是大势所趋。它代表了思想政治教育评估的前沿理念和发展方向。未来，高校应进一步加大对混合方法设计的理论研究和实践探索，不断完善评估指标体系和操作规程，提升评估队伍的专业素质和技术水平，健全评估工作的组织机制和管理制度，为推进新时代思想政治教育高质量发展提供坚实的评估支撑。只有不断创新评估理念、优化评估方法，才能真正把握思想政治教育效果，推动思想政治教育与时俱进、提质增效。这既是加强和改进新时代高校思想政治工作的必然要求，也是建设高等教育强国的应有之义。

2. 数据整合与解释

数据整合与解释是混合评估方法中至关重要的环节，它直接影响着评估结果的科学性和可靠性。在新时代高校思想政治教育实效性评估中，定量数据和定性数据往往同时存在，两类数据相互补充、相互印证，共同构成了评估的完整图景。然而，如何有机整合定量和定性数据，如何挖掘数据背后的深层次内涵，则考验着评估者的智慧和能力。

数据的整合需要遵循科学的原则和方法。首先，评估者应该根据评估目标和内容，合理设计数据整合的框架和路径。这一框架应该能够有效链接定量和定性数据，使之形成互为支撑、相互映衬的关系。其次，在具体的数据处理过程中，评估者要善于运用多元化的技术和工具，如统计分析、内容分析、案例研究等，全面挖掘不同类型数据的价值。最后，数据整合还要注重发现数据之间的内在联系和规律，通过对比、综合、抽象等思维操作，提炼出评估对象的一般性特征。只有建立起定量和定性数据之间的"对话"，才能真正实现混合数据的有机整合。

数据解释是数据整合的深化和提升。它要求评估者站在更高的理论和实践层面，对整合后的混合数据进行深入阐释和分析。一方面，评估者要运用马克思主义立场、观点和方法，对数据蕴含的思想内涵、价值取向作出准确判断，揭示思想政治教育实效性的本质规定性。另一方面，评估者还应该立足学校思想政治工作实际，结合师生的认知特点和接受习惯，对评估结果作出通俗易懂的解释，使之成为师生认识教育教学规律、改进工作方法的重要参考。唯有解释到位，混合评估的意义和价值才能得以彰显。

需要强调的是，数据的整合与解释是一个循环往复、不断深化的过程。每一次整合和解释都会引发新的思考和问题，进而促使评估者调整、完善原有的方案设计、数据处理和结果呈现。在这一过程中，定量分析与定性分析相互渗透、持续交叉，量化证据和质性理解相得益彰、交相辉映。数据整合与解释的目的，不仅在于简单地对教育实效性作出价值判断，更在于发现影响实效性的深层次因素，把握思想政治工作的内在规律。

高校思想政治教育是一项系统工程，它涉及教育者、受教育者、教育内容、教育环境等诸多要素。这些要素之间错综交织、动态变化，呈现出复杂的非线性特点。因此，混合评估中的数据整合与解释必须建立在系统思维的基础之上，从整体和联系的视角审视评估对象，探寻要素之间的相互作用机制。唯有如此，才能透过纷繁复杂的教育现象，洞察思想政治教育实效性的生成逻辑，为教育教学改革指明方向。

二、评估工具的选择、应用及创新优化

（一）评估工具选择标准

评估工具选择标准是评估工具实践应用价值的重要依据，直接影响评估的科学性、针对性和有效性。在选择评估工具时，应充分考虑工具的信度和效度。信度是指评估工具测量结果的一致性和稳定性，是评估工具可靠性的重要

指标。只有具备良好信度的评估工具，才能确保评估结果的准确性和可重复性。效度则是指评估工具能够有效测量评估对象的程度，是评估工具测量准确性的关键标准。选择评估工具时，应优先考虑内容效度，即评估工具能够全面、准确地覆盖评估对象的主要内容和关键要素。此外，评估工具还应具备较高的结构效度和效标关联效度，确保评估结果与理论结构和外部效标之间存在紧密联系。

评估工具的实用性和经济性也是选择的重要考量因素。评估工具的实施成本、所需时间、操作便捷性等都会影响其在实践中的应用效果。因此，在选择评估工具时，应充分权衡工具的实用价值和投入产出比，优先选择那些操作简便、实施成本较低，又能有效支撑评估工作的评估工具。同时，评估工具还应具备良好的适用性和普适性。一方面，评估工具应适合评估对象的特点和需求，能够有针对性地收集和分析数据；另一方面，评估工具还应具有较强的普适性，能够在不同的评估情境中和不同的对象身上得到广泛应用，产生可比性和延展性较强的评估结果。

（二）评估工具应用实例

教育评估工具的应用是一个动态、复杂的过程，需要根据具体的评估目的、对象和内容来进行选择和调整。在高校思想政治教育评估中，常见的评估工具包括问卷调查、访谈、观察、测验等。

问卷调查是最为普遍的一种评估工具，它通过设计结构化或半结构化的问卷，收集大学生对思想政治教育内容、方式、效果等方面的看法和建议，进而了解教育现状，发现存在的问题。例如，在评估思政课教学质量时，可以采用问卷的形式，调查大学生对教学内容的认同度、教学方式的接受度、教学效果的满意度等，从而全面诊断课程教学的实际情况。

访谈则是一种更加灵活、深入的评估工具。通过与学生面对面交流，评估者可以获得更加详细、真实的信息，探究大学生内心的想法和感受。在评估思想政治教育的针对性和实效性时，访谈能够发挥重要作用。评估者可以根据大学生的特点和需求，设计不同的访谈提纲，引导大学生畅所欲言，表达自己对思想政治教育的真实看法。同时，访谈也为评估者提供了与大学生互动交流的机会，有助于增进双方的理解和信任，为后续的教育教学改进奠定基础。

观察法是另一种常用的评估工具。评估者通过直接观察大学生的言行表现，了解其思想动态、行为习惯等。在评估思想政治教育的育人成效时，观察法具有独特优势。评估者可以深入大学生的学习、生活，通过日常交流、座谈讨论等方式，近距离观察大学生的思想状况和行为表现，捕捉大学生成长过程中的点滴变化。这种持续性、动态性的评估，能够真实反映思想政治教育对大学生潜移默化的影响，为科学评判教育实效提供翔实依据。

需要强调的是，思想政治教育评估工具的选择和应用必须遵循科学性、针对性、全面性的原则。评估工具的设计要严格依据评估目标和内容，符合思想政治教育的特点和规律。同时，要根据不同的评估对象和评估阶段，灵活选用多种评估工具，采取定量评估与定性评估相结合、过程性评估与终结性评估相统一的综合评估策略。只有不断创新完善评估工具体系，提高评估的科学化、专业化水平，才能真正发挥评估的诊断、反馈、激励功能，推动新时代高校思想政治教育的创新发展。

系统运用多元评估工具，科学诊断思想政治教育效果，是新时代高校思想政治工作科学化、精细化的重要体现。通过问卷调查、访谈、观察、测验等方式，评估者能够全面考查大学生思想觉悟、道德品质、法治意识、家国情怀等方面的发展状况，既能准确把脉当前工作成效，又能深入分析问题成因，进而为改进教育教学、精准施策提供决策依据。可以说，创新评估工具、完善评估机制是提升思想政治教育科学化水平的关键所在，也是实现立德树人根本任务的必然要求。只有不断探索科学有效的评估路径，用评估的指挥棒引领教育教学改革，才能切实增强思想政治教育的吸引力、感染力、针对性，使之在推动青年学生健康成长、服务国家发展大局中发挥积极作用。

（三）评估工具创新与优化

1.评估工具技术创新

评估工具技术创新是新时代高校思想政治教育实效性评估的重要突破口。随着信息技术的快速发展和教育评估理念的不断更新，传统的思想政治教育评估工具已经难以适应新形势下的要求。单一化的考试考核、表面化的问卷调查、形式化的个别访谈等评估手段，往往难以全面、客观地反映思想政治教育的实际效果，更无法为教育教学改进提供精准、有效的反馈。因此，积极探索评估工具技术创新，构建科学、多元的评估体系，已经成为思想政治教育工作者的共识和努力方向。

大数据分析技术的引入为思想政治教育评估注入了新的活力。在信息化时代，大学生思想动态、行为特征等海量数据被实时记录在各种网络平台和信息系统中。

通过先进的数据收集、存储、处理技术，教育工作者可以将这些看似杂乱无章的数据转化为富有价值的信息资源。运用大数据分析方法，教育工作者能够从多维度、全方位地洞察大学生群体的思想状况，推断个体的价值取向、认知水平、行为逻辑，进而精准评估思想政治教育的实际成效。大数据分析还能帮助教育工作者发现大学生思想的共性特征和差异性需求，为因材施教、分类指导提供决策支撑，使评估结果更好地指导教学实践的优化。

虚拟仿真技术的应用也为思想政治教育评估开辟了新的路径。利用虚拟现实、增强现实等技术，教育评估者可以搭建逼真的思想政治教育情境。大学生在沉浸式的体验中展现真实的认知、情感和行为反应，从而突破传统测评方式的局限，提升评估的真实性和有效性。例如，大学生在模拟的公共事务决策情境中所表现出的价值判断、社会责任感和实践能力，比让他们填写标准化的测验题更能反映其内化的道德品质。虚拟情境中师生之间、生生之间的对话互动数据也是评估团队合作意识、沟通表达能力的真实素材。将虚拟仿真技术与大数据分析方法相结合，教育评估者还能捕捉大学生在复杂情境中的行为模式，动态追踪其思想认识的发展变化，形成全景式、立体化的评估图景。

学习分析技术的深度应用则为思想政治教育评估插上了智慧的翅膀。学习分析技术通过在线平台追踪、捕获、分析大学生的学习行为数据，能够评估其在知识、能力、情感、价值观等方面的发展状况。将学习分析技术导入高校思政课教学平台，可以客观呈现课堂内外大学生的听课专注度、互动参与度、资源浏览行为等，进而多维度评估其学习投入的广度和深度。汇聚思政课论坛的发言数据，分析其蕴含的对理论观点的认同程度、对现实问题的判断立场、对学习内容的情感态度，能够动态评估大学生价值观的形成和发展。学习分析还能关联大学生在校园网的浏览痕迹、图书借阅记录等，综合评判大学生在思想成长各阶段的认知结构变化。学习分析技术使教育评估回归教与学的本质，关注大学生的真实感受和发展需求，为思想政治教育提质增效提供全新视角。

不可否认，评估工具技术创新在思想政治教育领域的应用尚处于探索阶段，仍面临观念障碍、能力瓶颈、伦理风险等多重挑战。如何把握数据使用和隐私保护的平衡，是大数据分析和学习分析技术亟须突破的伦理困境。虚拟仿真情境设计需要教育专家、心理学家、技术工程师的通力协作，对教师的信息素养和跨界整合能力也提出了更高要求。然而，任何创新都不会一蹴而就。只要秉持为学生发展服务的初心，遵循思想政治教育和信息技术融合的规律，在实践中不断检验完善，评估工具技术创新必将成为思想政治教育水平全面提升的关键一环。思想政治教育评估要跳出"唯分数论"的窠臼，要在评估中融入感性因素、关注个体差异、彰显人文关怀。评估工具技术创新为实现这一目标提供了崭新可能，为思想政治教育注入了新动力，也提出了新挑战。把握时代脉搏，拥抱技术变革，推进评估工具技术创新，高校思想政治教育才能在新的历史方位不断发展前行。

2. 评估工具测试与优化

评估工具测试与优化是保障评估工具科学性、有效性的重要环节。新时代高校思想政治教育评估工作日益复杂，评估对象、评估内容不断拓展，对评估工具的要求也越来越高。如果没有经过严格测试和反复优化，评估工具就难以全面、准确地评估教育效果，更谈不上为教育教学改进提供可靠依据。因此，高校思想政治教育工作者应高度重视评估工具的测试与优化，不断提升评估工具的信度、效度和适用性。

评估工具测试的首要任务是检验其信度和效度。信度是指评估工具的一致性和稳定性，即多次测量结果的一致程度。而效度则是指评估工具是否能够准确测量出其所要测量的内容。只有具备良好信度和效度的评估工具，才能真实反映评估对象的实际水平，为后续的分析和决策提供可靠依据。为了检验评估工具的信度和效度，可以采用多种方法，如重测信度法、内部一致性系数法等。通过对评估结果的统计分析，教育工作者可以找出评估工具中的薄弱环节，并进行针对性的修订和完善。

评估工具的优化还应考虑其适用性和经济性。适用性是指评估工具是否符合评估对象的特点，是否易于操作和使用。不同的评估对象在认知水平、语言表达等方面存在差异，评估工具必须根据这些差异进行调整和优化，才能获得真实可信的评估数据。同时，评估工具的使用还应兼顾经济性原则，在保证评估质量的前提下，尽可能节约人力、物力和财力，提高评估的效率和效益。为此，可以借助信息技术手段，开发智能化、自动化的评估系统，减轻评估人员的工作负担。

评估工具测试与优化是一个动态、持续的过程。随着教育形势的变化和评估需求的提高，原有的评估工具可能逐渐失去效用，需要不断更新和改进。这就要求高校思想政治教育工作者树立终身学习理念，紧跟评估理论前沿和技术发展，主动学习和掌握新的评估方法和工具。同时，思想政治教育工作者还要重视评估实践的积累和反思，通过实证研究和经验总结，找出评估工具运用中的规律和问题，并对问题加以改进。只有在理论学习和实践探索的互动中，才能不断提升评估工具测试与优化的水平。

第三节　新时代高校思想政治教育数据收集与分析

一、数据收集的基本原则与主要方法

（一）数据收集的基本原则

1.真实性原则

数据真实性是进行高校思想政治教育实效性评估的基石。只有确保数据的真实可靠，评估结果才能准确反映教学实际，为教学改进提供有力参考。为此，在数据收集过程中必须坚持真实性原则，采取一系列措施确保原始数据的客观性和真实性。

首先，数据收集主体应持有客观中立的态度，尽量排除个人主观因素的干扰。无论是通过问卷调查、访谈，还是其他方式获取数据，都要如实记录大学生的真实想法，而非对其加以引导或曲解。同时，数据收集者还应具备较高的职业素养和责任心，严格遵守学术诚信原则，杜绝弄虚作假、数据造假等违规行为。

其次，要根据评估目的和内容，科学设计数据收集方案。问卷和访谈提纲的设计要符合教育评估的基本要求，覆盖思想政治教育的各个关键环节。问题设置应具有针对性、全面性和可操作性，既要聚焦于评估重点，又要涵盖教学各环节，还要方便大学生理解和作答。必要时，还可以通过开放性问题深入了解大学生的想法，获得更加立体、丰富的第一手资料。

再次，数据收集过程要严格把控，确保每一个环节规范有序。对于问卷调查，要合理确定调查对象和样本量，选择恰当的发放和回收方式，尽量提高问卷的发放率和回收率。在正式调查前，最好进行预调查，根据反馈意见进一步修订、完善问卷设计。访谈要做好前期沟通协调，选择安静私密的场所，营造轻松愉悦的氛围，鼓励大学生畅所欲言。整个过程要全程录音并认真做好文字记录，为后续数据分析奠定坚实基础。

最后，对收集到的原始数据，还应该进行严格的审核和筛选。对于异常值、空白值等，要进一步核实情况，剔除不真实、不完整的数据。必要时，可以安排回访、补充调查等，进一步提高数据质量。只有对原始数据进行反复检验和修正，才能为后续的数据分析提供可靠依据。

2. 完整性原则

数据完整性原则是教育评估数据收集中的重要原则之一。它强调数据收集应当全面、系统，涵盖教育评估的各个方面和层次，以确保评估结果的科学性和可靠性。具体而言，数据完整性原则对高校思想政治教育评估实践提出了以下三个要求。

首先，数据收集应覆盖思想政治教育的全部内容。思想政治教育是一项系统工程，涉及理论学习、实践活动、校园文化、心理健康教育等多个方面。为了全面评估思想政治教育的成效，必须收集反映各个方面情况的数据，如课堂教学质量、大学生参与实践活动的情况、校园文化活动开展情况等。只有数据涵盖面广、内容丰富，才能客观呈现思想政治教育的全貌。

其次，数据收集应涵盖思想政治教育的各个层次。高校思想政治教育是一个多层次的过程，包括学校、院系、班级、个人等不同层面。每个层次在思想政治教育中发挥着不同的作用，呈现出不同的特点。因此，在收集数据时，要注意兼顾各个层次，收集反映学校、院系、班级总体状况的数据，也要收集反映大学生个体思想动态的数据。只有保证数据具有纵向的完整性，才能准确把握思想政治教育的实际效果。

最后，数据收集应关注思想政治教育的动态变化。思想政治教育是一个持续的过程，大学生的思想状况会随着时间的推移而发生变化。为了掌握思想政治教育的动态效果，数据收集不能是一次性的，而应具有连续性和阶段性。通过持续动态地收集大学生思想状况数据，可以及时发现问题、分析原因、调整策略，不断提升教育实效。这就要求数据具有横向的完整性，能够反映思想政治教育状况的阶段性变化。

3. 时效性原则

时效性是数据收集的一个重要原则，它强调数据的时间相关性和时间有效性。在新时代高校思想政治教育的实效性评估中，时效性原则尤为重要。

高校思想政治教育面临着复杂多变的社会环境和日新月异的信息技术，大学生的思想状况、价值取向也处于不断变化之中。如果数据收集滞后于教育实践，无法及时反映大学生思想的最新动向，就难以为教育决策提供有力支撑。因此，数据收集只有与时俱进，紧跟教育发展的脚步，才能保证数据的时效性和有效性。

具体而言，时效性原则要求数据收集要有计划、有节奏地进行，建立常态化的数据更新机制。一方面，要根据教育教学工作的进程，在关键节点及时开展数据收集工作，如每学期初、学期中、学期末等。这样可以动态地掌握大学生思想状况的变化轨迹，为及时调整教育策略提供依据。另一方面，要充分利用信息技术手段，通过网络问卷、在线访谈等方式，实现数据收集的自动化和智能化，缩短数据收集、分析、反馈的周期，提高数据时效性。

（二）数据收集的主要方法

1. 问卷调查法

问卷调查法是新时代高校思想政治教育数据收集的重要方法之一。它通过设计科学、严谨的调查问卷，采集大学生在思想观念、价值取向、行为习惯等方面的第一手资料，为准确把握大学生思想动态、评估教育实效提供了可靠依据。与其他数据收集方法相比，问卷调查具有样本量大、信息量丰富、可量化分析等优势。

问卷调查的科学性和有效性关键在于问卷的设计质量。一份高质量的调查问卷，应该紧扣思想政治教育的核心内容，围绕大学生的思想认识、情感态度、价值观念等维度展开。同时，问卷题目的表述要清晰、易懂，避免模棱两可或引导性强的提问方式。在问卷结构上，要合理安排选择题、填空题、简答题等不同题型的比例，既要便于大学生作答，又要全面、深入地采集信息。此外，问卷的发放和回收环节也须严格把关，确保调查对象的代表性和样本量的充足性。

在问卷数据的分析运用中，要坚持客观、科学的原则。对调查结果进行统计学处理，可以准确揭示大学生思想状况的总体特征和规律性问题。同时，对具有典型意义的个案数据，要深入挖掘，形成专题分析报告。在解读数据时，要全面考虑大学生的成长背景、所处环境等因素，既不夸大问题的严重性，也不回避矛盾和困难。只有如此，才能为思想政治教育决策提供真实、可靠的依据。

问卷调查虽然是一种高效的数据收集方式，但仍存在一定局限性。由于调查对象的主观性，部分问卷数据可能存在偏差或失真。因此，在实践中，还需要将问卷调查与访谈、观察等方法相结合，多角度、立体化地了解大学生思想状况。只有不断创新、完善调查方法和技术手段，努力提升数据的科学性和全面性，才能为新时代高校思想政治教育改革提供更加有力的数据支撑。

深入开展问卷调查、用好用活调查数据是提升高校思想政治教育针对性、实效性的必然要求。面对新时代大学生思想的新特点、新变化，思想政治教育工作者必须以问卷调查为抓手，及时掌握大学生的思想动向，准确把握教育规律。只有以数据引领教育实践，不断增强思想政治教育的吸引力和感染力，才能培养担当民族复兴大任的时代新人。这不仅是高校思想政治教育工作的责任所系，也是推进高等教育高质量发展的题中应有之义。

2. 访谈法

访谈法作为一种重要的质性研究方法，在新时代高校思想政治教育数据收集中发挥着独特优势。与其他数据收集方法相比，访谈法更加注重对受访者主观世界的探究，强调访谈者与受访者之间的互动交流。通过深入的访谈，受访者能够全面了解大学生的思想动态、价值取向、行为方式等，挖掘隐藏在表象之下的深层次问题。这为揭示思想政治教育规律、改进教育实践提供了宝贵的第一手资料。

具体而言，在访谈法的应用过程中，访谈者需要精心设计访谈提纲，围绕研究主题提出开放性问题，引导受访者畅所欲言。访谈提纲应涵盖大学生的政治信仰、理想信念、道德品质、法治意识等多个维度，既要触及大学生关心的现实问题，又要联系国家发展大局和社会主义核心价值观。在访谈过程中，访谈者要善于倾听，以同理心和开放的态度对待每一位受访者，营造轻松愉悦的交流氛围。与此同时，访谈者还要灵活运用各种提问技巧，如追问、澄清、反映等，深入挖掘有价值的信息，使访谈不流于表面。

值得注意的是，访谈法在数据收集中虽然具有独特优势，但也存在一定局限性。由于样本量较小，访谈法获得的数据代表性有限，难以支撑面向全体学生的宏观分析和普遍性结论。同时，受访者的主观性和访谈者的引导性也可能在一定程度上影响数据的客观性和准确性。因此，在实际应用中，研究者往往将访谈法与问卷调查、文献分析等方法相结合，通过多种途径交叉验证，以期获得更加全面、可靠的研究数据。

访谈法的有效实施离不开访谈者良好的素质和扎实的功底。作为思想政治教育工作者，在开展访谈研究时，要加强理论学习，提高政治站位，以马克思主义立场、观点、方法分析把握问题的本质。同时，要加强与受访者的沟通交流，学会换位思考，站在学生立场设身处地为其考虑，真正走进大学生内心世界。唯有如此，才能在平等、真诚、互信的氛围中引导大学生敞开心扉，获得真实、丰富的第一手资料。

新时代高校思想政治教育面临新形势、新挑战、新任务，思想政治教育工作者必须与时俱进，创新工作理念和方法。访谈法作为一种"面对面"的定性研究方法，有助于思想政治教育工作者深入了解大学生思想实际，进而对症下药、精准施教。广大思想政治教育工作者要充分认识访谈法的独特价值，掌握其基本原理和实施策略，并将其与其他方法综合运用，不断提升思想政治教育的科学化、精细化水平。唯有如此，才能切实增强思想政治教育的吸引力、感染力、说服力，引导大学生坚定理想信念，践行社会主义核心价值观，成长为担当民族复兴大任的时代新人。

3. 文献分析法

文献分析法是数据收集的重要途径之一，在高校思想政治教育实效性评估中发挥着不可替代的作用。文献资料作为人类知识和经验的重要载体，蕴藏着丰富的理论观点、实践经验和研究成果，是开展教育评估研究的宝贵资源。通过系统梳理和深入分析相关文献，研究者能够把握思想政治教育发展的脉络，洞察其内在规律，为科学设计评估指标体系、合理解释评估结果提供重要参考。

从内容上看，与高校思想政治教育实效性评估密切相关的文献资料主要包括三类：一是思想政治教育理论研究成果，涵盖了思想政治教育的概念内涵、基本原则、实现路径等方面的理论阐释和学理分析；二是高校思想政治教育实践案例，记录了各高校在思想政治教育目标设定、内容选择、方式方法创新等方面的具体做法和经验总结；三是已有的教育评估研究文献，探讨了教育评估的价值功能、操作流程、方法技术等理论和实践问题。研究者需要广泛收集这三类文献，全面把握已有研究的基本观点、主要进展和尚未解决的问题，在此基础上提炼出新的研究视角和切入点。

从方法上看，开展文献分析需要遵循客观性、系统性、关联性的基本原则。首先，研究者要秉持客观中立的态度，准确把握文献资料所反映的事实和观点，注重一手资料的收集和使用，审慎对待二手资料和间接引述，避免主观臆断和武断。其次，要系统全面地分析文献资料，既要纵向梳理思想政治教育理论和实践的发展脉络，又要横向比较不同研究主题、不同研究方法的异同，在动态和静态的维度中把握研究对象的特点和规律。最后，要注重分析不同文献资料之间的内在联系，探寻其背后的理论逻辑和实践规律，在对话和批判中推动认识的深化。只有坚持客观性、系统性、关联性的原则，才能真正发挥文献分析法的优势，为高校思想政治教育实效性评估研究提供扎实的文献基础。

从实施路径上看，运用文献分析法进行高校思想政治教育实效性评估研究，可以遵循"制订方案—收集文献—筛选整理—内容分析—综合评述"的基本路径。第一，要根据研究目的和主题，制订切实可行的文献分析方案，明确所需文献的类型、范围、标准等。第二，利用图书馆目录、文献数据库、互联网搜索等多种途径广泛收集文献资料，建立文献信息数据库。第三，参照文献分析方案设定的标准，对收集到的文献资料进行筛选和整理，剔除不相关或重复的文献，对符合条件的文献按照主题、年代、作者等进行分类。第四，研读文献全文，运用内容分析的方法，提炼文献的核心观点，归纳研究的重点领域和主要进展，分析研究结果的理论和实践价值，指出研究的局限和不足。第五，在内容分析的基础上，撰写文献综述报告，系统评述与研究主题相关的文献资料，梳理已有研究的基本脉络，提出自己的学术观点和创新见解，为实证研究的开展奠定理论基础。

文献分析法在高校思想政治教育实效性评估中的应用，具有明显的优越性。一是直接了解前人研究成果，站在前人的肩膀上"远眺"，有助于开阔研究视野，把握研究主题的来龙去脉；二是有助于厘清概念内涵、厘定理论框架，特别是对一些相近概念进行辨析比较，明确概念的外延和内涵，增强理论阐释的科学性，为构建高校思想政治教育实效性评估指标体系提供理论支撑；三是通过对实践案例的系统梳理，研究者能够总结教育评估的经验教训，剖析评估成败的关键因素，把经验上升为理论，指导后续评估实践的优化和改进；四是有助于界定研究的重点领域和主要方向，找准研究的突破口和创新点，在继承前人研究的基础上推陈出新，切实增强研究的原创性和前瞻性。

二、数据分析的技术手段与应用场景

（一）数据分析的技术手段

1.统计分析

统计分析是高校思想政治教育数据处理不可或缺的环节。它通过描述性统计和推断性统计，揭示数据中蕴含的规律和趋势，为教育决策提供量化依据。

在描述性统计中，各种集中趋势和离散程度的测量指标，如平均数、中位数、众数、方差、标准差等，直观地反映了思想政治状况的总体特征。频数分布表和直方图清晰地展现了大学生在不同政治态度、价值观念等方面的分布情况。通过对这些指标进行解读，教育工作者可以准确把握大学生思想动态的宏观走向。

推断性统计则进一步探究不同因素之间的内在联系。相关分析可以考查政治认同、理想信念、道德品质等多个变量的相互影响，揭示思想政治教育的内在机制。回归分析能够估计自变量对因变量的影响大小，发现影响大学生思想行为的关键因素。假设检验则用于比较不同群体在意识形态、价值取向上的差异，为因材施教提供依据。这些推断性统计方法犹如一把把利器，有助于思想政治教育工作者透过纷繁复杂的表象，洞悉思想领域的深层规律。

当然，统计分析虽然能够提供宏观层面的趋势判断，但对于大学生的个性化特点和具体思想状况，则需要辅之以定性分析。访谈、谈心等质性研究方法，能够与统计分析形成互补，共同为思想政治教育诊断大学生的精神世界，把脉其思想动态。只有定量与定性相结合，才能真正做到精准画像，为"对症下药"奠定基础。

2. 数据挖掘

数据挖掘作为一种从大规模数据中发现隐藏模式和知识的技术，在高校思想政治教育的实效性评估中发挥着关键作用。随着信息技术的飞速发展和数据量的爆炸式增长，传统的数据分析方法已难以满足复杂教育场景下的评估需求。数据挖掘凭借其强大的数据处理和知识发现能力，为深入洞察大学生思想动态、科学评估教学效果提供了新的路径和方法。

从技术层面来看，数据挖掘通过对海量教育数据进行清洗、集成、变换和规约等一系列处理，能够有效提高数据质量，为后续分析奠定基础。在此基础上，数据挖掘利用分类分析、聚类分析、关联分析、时间序列分析等多种算法，从不同维度揭示数据内在的关联性和规律性。例如，对大学生在线学习行为数据进行挖掘，可以发现不同学习风格和认知模式下的行为模式，为个性化教学提供依据；对大学生社交媒体数据进行挖掘，可以洞察大学生的价值取向、情感态度等思想动态，为思想引导提供参考。

从应用场景来看，数据挖掘在大学生思想动态分析、教学效果评估、教育政策制定等多个方面展现出巨大潜力。在大学生思想动态分析方面，数据挖掘可以通过对大学生网络行为、社交互动、作业内容等数据的分析，全面刻画大学生思想状况，及时发现苗头性、倾向性问题。在教学效果评估方面，数据挖掘可以通过对大学生考试成绩、作业完成情况、课堂参与度等数据的综合分析，多维度评估教学效果，为教学优化提供依据。在教育政策制定方面，数据挖掘可以通过对历史数据和现实数据的比较分析，评估既有政策的效果，模拟未来政策的影响，为科学决策提供支撑。

当然，数据挖掘在助力高校思想政治教育实效性评估的同时，也面临着数据质量参差不齐、算法选择不当、分析结果片面等挑战。为了发挥数据挖掘的最大效用，一方面要加强顶层设计，制订科学的数据治理方案，提高数据的准确性、完整性和一致性；另一方面要综合运用多种数据挖掘技术，从不同角度揭示数据的内在规律，提高分析结果的全面性和可解释性。同时，还要高度重视数据安全和隐私保护，在合法合规的前提下开展数据挖掘工作。

高校思想政治教育肩负着立德树人的根本任务，关乎大学生的健康成长和国家的未来发展。科学评估教育实效，是提升教育质量、促进教育创新的重要前提。数据挖掘为实现这一目标提供了全新的思路和方法。在大数据时代背景下，积极践行数据挖掘、创新评估模式，将为高校思想政治教育插上腾飞的翅膀。这既是提升教育治理能力的必然要求，又是培养德智体美劳全面发展的社会主义建设者和接班人的内在需求。

3. 机器学习

机器学习作为人工智能的核心技术，在新时代高校思想政治教育中发挥着越来越重要的作用。随着大数据时代的到来，思想政治教育工作者面临着海量、多源、异构的数据，传统的数据分析方法已难以满足实际需求。机器学习凭借其强大的数据挖掘和预测能力，为思想政治教育数据分析提供了新的思路和方法。

运用机器学习算法可以从思想政治教育大数据中发现隐藏的模式和规律。例如，对大学生的网络行为数据进行聚类分析，可以把大学生划分为不同的群体，揭示不同群体的思想动态和行为特征。又如，利用关联规则挖掘算法，能够发现大学生思想行为之间的关联规律，为有针对性地开展教育教学活动提供依据。此外，机器学习的预测模型还可以对大学生的思想状况进行预警，及时发现思想偏差苗头，从而采取积极的干预措施。

机器学习在教育效果评估中也大有可为。传统的教育效果评估往往依赖于问卷调查等主观性较强的方法，难以全面、客观地反映教育实际成效。运用机器学习的分类和回归算法，可以建立教学质量评估模型，从而对多维数据进行综合分析，进而科学评估思想政治教育的针对性和有效性。同时，教育效果的量化评估结果也为教学反思和改进提供了可靠依据。

（二）数据分析的应用场景

1. 学生思想动态分析

高校思想政治教育的实效性评估离不开对学生思想动态的精准把握。只有深入了解大学生的思想状况，及时发现其中存在的问题，才能有针对性地开展教育引导工作，不断提升思想政治教育的针对性和有效性。在大数据时代，思想政治教育工作者可以运用数据分析技术，对大学生思想动态进行多维度、全方位的分析，为思想政治教育提供科学依据和智力支持。

通过问卷调查、访谈等方式收集大学生思想状况数据，思想政治教育工作者能够全面掌握大学生在政治立场、价值取向、道德品质等方面的基本情况。对这些数据进行统计分析，可以发现大学生群体在不同思想领域的总体特点和规律。例如，分析大学生对社会主义核心价值观的认同度，可以判断当前思想政治教育的成效，以及需要进一步加强和改进的方面。又如，对大学生的职业理想、人生规划等数据进行挖掘、分析，能够预测大学生未来发展的走向，为开展职业生涯教育提供参考。

数据分析还能够帮助思想政治教育工作者发现大学生思想状况的动态变化趋势。通过跟踪大学生在不同时期的思想状况数据，思想政治教育工作者可以判断大学生思想发展的整体态势，把握思想状况的阶段性特点。这对于有针对性地调整教育引导策略、防范化解思想政治教育工作中的风险和挑战具有重要意义。例如，分析近年来大学生对西方文化的接受度变化情况，有助于思想政治教育工作者判断国际形势对大学生思想的影响，以提前做好应对准备。

在思想状况数据分析的基础上，思想政治教育工作者还可以利用数据挖掘、机器学习等技术，探索大学生思想动态背后的深层次原因。影响大学生思想的因素错综复杂，既有个体成长经历、心理特点等内在因素，又有学校教育、社会环境等外部因素。利用相关性分析、回归分析等方法，能够探明这些因素对大学生思想的影响方式和作用程度，找出影响大学生思想的关键变量。在此基础上，思想政治教育工作者可以有的放矢地制订教育引导方案，调动各种有利因素，切实提高思想政治教育的针对性和实效性。

数据分析在大学生思想动态研判中虽大有可为，但也存在一定局限性。一方面，大学生思想活动具有隐蔽性，部分敏感数据难以真实获取，可能影响分析的全面性和准确性。另一方面，数据分析方法更多反映总体趋势和规律，对大学生的个性特点关注不足，难以做到因材施教。对此，思想政治教育工作者在运用数据分析技术的同时，还应注重与大学生的沟通交流，在教育实践中加深对大学生思想特点的认识，形成数据分析与经验判断互为补充的工作机制。

新时代高校思想政治教育面临新形势、新任务、新要求，思想政治教育工作者必须与时俱进，不断更新知识结构、创新工作方法。积极运用数据分析技术，是顺应信息化发展大势、提升思想政治教育科学化水平的必然要求。深入分析大学生思想动态，构建总体把握与个性洞察相结合的思想状况研判机制，对于增强高校思想政治教育的时代性和有效性，培养担当民族复兴大任的时代新人，具有十分重要的意义。这既是思想政治教育理论创新的题中应有之义，又是提升思想政治教育工作者专业能力的必然要求。

2. 教学效果评估

教学效果评估是教学活动的重要环节，是检验教学目标实现程度、评估教学质量高低的关键途径。具体而言，数据驱动的教学效果评估可从以下几方面入手。

首先，评估应立足教学全过程，涵盖备课、授课、作业、测验等各个环节的数据，真实反映教与学的实际状况。传统的教学效果评估往往局限于期末考试成绩，难以全面衡量大学生的学习效果和教师的教学水平；而利用大数据技术，可以采集大学生课堂表现、作业完成质量、在线学习行为等方面的数据，动态监测学习过程，及时发现问题，有针对性地改进教学。

其次，评估应融合多元数据，综合考量影响教学效果的各种因素。大学生的学业表现不仅与教师的教学水平密切相关，还受到大学生自身特点、家庭背景、学习环境等因素的影响。因此，除了收集教学过程数据外，还应广泛汇聚大学生基本信息、家庭状况、心理特征等方面的数据，利用相关性分析、回归分析等方法，探究影响教学效果的关键变量，识别不同大学生群体的特点和需求，为因材施教、个性化教学提供依据。

再次，评估应采用科学的分析模型和算法，提高数据处理的精准性和有效性。原始的教育数据往往存在数据缺失、数据冗余、数据噪声等问题，直接使用可能会影响评估结果的准确性。因此，在开展教学效果评估前，需要对数据进行清洗、集成、转换等预处理，提高数据质量。同时，还应根据评估目的和数据特点，选择恰当的数据挖掘算法，如聚类分析、关联规则、决策树等，从海量数据中发现隐藏的模式和规律，形成可解释、可操作的评估结果。

最后，评估应注重结果的可视化呈现和智能化应用。传统的教学效果评估结果通常以文字报告或数据表格的形式呈现，不够直观，难以被教师和管理者快速理解和接受；而在大数据时代，教学效果评估可充分利用信息可视化技术，将评估结果转化为图表、图形等易于理解的视觉形式，提高信息传递的效率和效果。同时，还可借助人工智能技术，建立智能化的教学评估与决策支持系统，根据评估结果自动生成改进建议，为教师提供个性化的教学指导，为管理者提供科学化的决策参考。

3. 教育政策制定

高校教育政策的制定是一项复杂而系统的工程，需要综合考虑诸多因素，以期最大限度地发挥政策的引导和规范作用，推动高等教育事业的健康发展。在大数据时代背景下，数据分析技术为教育政策制定提供了重要支撑和参考。通过对教育数据进行深入挖掘和分析，教育管理者能够更加全面、客观地洞悉教育教学现状，发现存在的问题和不足，进而制定出更加科学、更有针对性的政策措施。数据分析可以为教育政策制定提供三方面的重要支持。

第一，数据分析有助于教育管理者准确把握教育发展态势。通过收集和分析各类教育统计数据，如在校生规模、师资力量、办学条件等，教育管理者能够动态监测教育发展状况，科学预测未来趋势，为宏观政策制定提供决策依据。同时，数据分析还能够揭示不同地区、高校、专业之间的差异，为因地制宜、分类施策提供参考。

第二，数据分析为政策效果评估提供了可量化的标准。传统的教育政策评估往往依赖于主观判断和经验总结，而数据分析则能够提供客观、精准的评估尺度。通过对相关数据进行采集、整理和分析，教育管理者能够动态监测政策执行过程，科学评估政策实施效果，及时发现存在的偏差和问题，为政策的调整、完善提供依据。例如，通过分析就业数据，教育管理者可以评估人才培养政策的针对性和有效性；通过分析考试成绩和学生满意度，教育管理者可以评估教学改革措施的成效。

第三，数据分析还能够为政策仿真模拟提供支持。在教育政策出台之前，利用数据分析技术构建仿真模型，可以预演政策实施可能产生的效果，进行风险评估和成本效益分析，从而优化政策方案，减少决策失误。一些发达国家的教育管理部门已经开始尝试利用大数据、人工智能等技术，建立教育政策仿真平台，为政策制定提供智力支持。这种做法值得我国高校借鉴和探索。

第四节　新时代高校思想政治教育评估结果的应用

一、评估结果在教学改进中的应用

（一）教学方法优化

教学方法的选择应以培养学生的核心素养为出发点和落脚点。在新时代背景下，高校思想政治教育不仅要注重知识的传授，更要关注大学生综合能力的提升和价值观念的塑造。

案例教学法是优化高校思想政治教育教学方法的重要路径。通过设计贴近大学生生活实际的案例，教师能够将抽象的理论知识转化为具体的情境，帮助大学生建立起理论与实践的联系。案例教学还能引导大学生换位思考，站在不同主体的角度审视问题，培养其多元化的思维方式和宽广的社会视野。

讨论式教学法是提升高校思想政治教育教学实效性的有效途径。讨论式教学强调平等、开放的师生互动，鼓励大学生畅所欲言，表达自己的观点。在交流碰撞的过程中，大学生能够认识到不同观点的合理性，学会用辩证的眼光看待问题。教师在讨论过程中既要引导话题，把握方向，又要给予大学生充分的表达空间，营造民主、包容的课堂氛围。

情景模拟教学法是创新高校思想政治教育教学模式的有益尝试。通过设计特定的情景，让大学生置身其中，扮演不同的角色，教师能够将枯燥的理论知识转化为生动的实践体验。情景模拟还能激发大学生的情感体验，引导其在角色扮演中感悟人生哲理、内化价值理念。

信息化教学是顺应时代发展、优化高校思想政治教育教学方法的必然选择。随着现代信息技术的迅猛发展，互联网已经深刻改变了人们的学习、生活方式。高校思想政治教育要主动适应这一变革，积极运用信息化手段创新教学模式。信息化教学能够突破时空限制，拓展教学时间和空间，为大学生的个性化、自主化学习提供便利。同时，大数据技术的运用还能帮助教师精准把握大学生的学习需求，实现因材施教。

（二）教学内容调整

教学内容调整是提升新时代高校思想政治教育实效性的关键举措。随着信息技术迅猛发展、社会思潮日益多元，传统的思政课教学内容已难以完全满足大学生成长成才的现实需要。因此，深入分析大学生的思想特点和接受习惯，根据时代发展和社会进步对人才培养提出的新要求，动态调整教学内容，用大学生喜闻乐见的话语体系讲述马克思主义理论，用生动鲜活的案例诠释社会主义核心价值观，已经成为广大高校思政课教师的自觉追求。

在教学内容调整中，关键是要坚持以习近平新时代中国特色社会主义思想为指导，全面贯彻党的教育方针，把立德树人作为思想政治教育的根本任务。思政课教师应立足培养担当民族复兴大任的时代新人，聚焦大学生成长发展的主要矛盾和问题，将政治认同、家国情怀、道德修养、法治意识、心理健康等融入教学全过程。同时，教学内容还要反映国家发展的最新成就、社会生活的新变化，紧密联系大学生的思想实际，增强思政课的说服力和影响力。

教学内容调整要坚持理论与实践相结合，在丰富课堂讲授的基础上，积极拓展第二课堂和社会实践。引导大学生走出校门、走进社会，在亲身参与中认识国情、社情、民情，在见证发展成就中坚定"四个自信"，在服务人民群众中厚植爱国情怀。此外，要用好网络新媒体，主动占领网上思想文化阵地。通过开设网络思政公开课、打造思想政治教育精品网站，创新运用微博、微信等载体，思政课教师能够增强思想政治教育的互动性和时代感，使之成为大学生乐于接受、喜欢分享的精神食粮。

（三）教学效果反馈

教学效果反馈是教育教学中不可或缺的重要环节，它为教师提供了及时了解学生学习状况、评估教学质量的渠道，同时也为学生提供了表达诉求、参与教学改进的机会。在新时代高校思想政治教育中，教学效果反馈更是发挥着关键作用，它不仅有助于提升思政课教学的针对性和实效性，还能够推动思想政治教育与学生成长发展的深度融合。

从教师角度来看，教学效果反馈是优化教学方法、改进教学设计的重要依据。通过多元化的反馈渠道，如课堂提问、作业批改、谈心谈话等，教师能够动态掌握学生对思政课内容的理解和认同程度，发现教学中存在的问题和不足。在此基础上，教师可以有针对性地调整教学策略、革新教学手段，使教学内容更加贴近学生实际，使教学方式更加契合学生特点，从而不断提升思政课教学的质量和水平。同时，教学效果反馈还能够促进教师反思自身的教学理念和方法，激发其不断学习和成长的内生动力，推动思政课教师队伍的专业化、职业化发展。

从学生角度来看，教学效果反馈是促进自主学习、实现个性化发展的有效途径。在反馈过程中，学生能够主动表达自己对思政课教学的感受和建议，反映自身在学习中遇到的困惑和需求。这不仅能够帮助学生梳理知识体系，深化对所学内容的理解，更能够增强其参与教学、主动学习的意识和能力。通过教师的及时反馈和指导，学生能够明确自身的优势和不足，从而调整学习策略，制订符合自己特点的成长计划。这种师生之间的良性互动，既能够促进学生在思想道德领域的全面发展，又能够增进师生之间的情感交流，营造民主、平等、和谐的课堂氛围。

从思想政治教育的角度来看，教学效果反馈是实现立德树人根本任务的关键一环。办好思政课关键在教师，关键在发挥教师的积极性、主动性、创造性。教学效果反馈正是调动教师和学生两个积极性的有效抓手。一方面，通过反馈机制，教师能够及时了解学生在价值观念、道德品质等方面的状况，从而有针对性地开展思想引导和行为养成，帮助学生坚定理想信念，践行社会主义核心价值观。另一方面，学生通过参与教学反馈，能够增强主人翁意识和社会责任感，主动将所学知识内化为正确的世界观、人生观、价值观，外化为自觉的道德实践和责任担当。由此可见，加强教学效果反馈是建设高质量思政课、落实立德树人根本任务的必然要求。

二、评估结果在课程设置中的应用

（一）课程内容更新

课程内容更新是高校思想政治教育评估结果在教学实践中应用的重要方面。随着时代的发展和社会的进步，思想政治教育的内容也需要与时俱进，不断吸收新的理论成果和实践经验，以增强教育的针对性和有效性。科学、合理地更新课程内容，是提高思想政治教育质量，实现立德树人根本任务的必然要求。

在课程内容更新中，应当坚持马克思主义指导地位，全面贯彻习近平新时代中国特色社会主义思想，将其作为思想政治教育的根本遵循和行动指南。要深入研究和把握马克思主义中国化的最新理论成果，特别是习近平新时代中国特色社会主义思想的丰富内涵和实践要求，结合新时代青年学生的特点和需求，创新教育内容和方式方法，切实增强思想政治教育的吸引力、感染力和说服力。

与此同时，课程内容更新还应该立足社会主义核心价值观，弘扬中华优秀传统文化，吸收人类文明优秀成果。社会主义核心价值观是当代中国精神文明建设的主旋律，体现了中国特色社会主义共同理想，反映了全体人民共同的价值追求。将其融入思想政治教育，有助于引导大学生树立正确的世界观、人生观和价值观，塑造高尚品格，使其成为德智体美劳全面发展的社会主义建设者和接班人。中华优秀传统文化蕴含着丰富的思想智慧和道德理念，是中华民族的精神命脉和文化基因。将其纳入思想政治教育，有利于培养大学生的家国情怀和文化自信，增强文化认同感和民族凝聚力。人类文明发展史上，不乏闪耀着真理光芒的哲学思想、伦理规范，这些智慧结晶也应成为思想政治教育的重要内容，帮助大学生拓宽视野、提升文明素养。

从教学实施角度来看，课程内容更新需要遵循教育教学规律，把握大学生的认知特点。一方面，教育内容的呈现应当循序渐进、由浅入深，适应大学生的认知水平和接受能力。过于抽象、晦涩的理论阐述，容易引起大学生的抵触情绪，影响教学效果。另一方面，课程内容应当联系实际，贴近大学生生活，增强教育的现实针对性。空洞的说教和脱离实际的论述难以引起大学生共鸣，更谈不上内化于心、外化于行。只有将思想政治教育内容与大学生的学习、生活、成长紧密结合，才能真正走进大学生心里，发挥春风化雨、润物无声的教育作用。

（二）课程结构调整

高校思想政治教育评估结果在课程结构调整中发挥了重要作用。通过科学、系统的评估，思想政治教育工作者可以深入洞察思想政治课程的现状和问题，进而有针对性地优化课程结构，提升教学质量。

课程结构是思想政治教育的重要载体，它直接影响着教学内容的选择、组织和呈现方式。合理的课程结构应该体现思想政治教育的目标导向，符合大学生成长发展规律，满足社会主义建设对人才培养的要求。然而，受传统教学模式和观念的影响，个别高校的思想政治课程结构存在着内容陈旧、形式单一、针对性不强等问题，难以适应新时代大学生的学习需求和认知特点。

思想政治教育评估为破解这一难题提供了重要依据。通过开展全面、客观的评估，思想政治教育工作者可以准确把握大学生对思想政治课程的认知水平、学习态度、价值取向等关键要素，揭示不同大学生群体在思想政治素质方面的差异性特点。在此基础上，思想政治教育工作者可以因材施教、因需施教，合理调整课程结构和教学内容，增强思想政治教育的针对性和实效性。

根据评估结果优化课程结构可以从以下几方面入手。

第一，合理设置必修课与选修课的比例。对于思想政治教育的核心内容，如马克思主义基本原理、中国特色社会主义理论体系等，应当将其作为必修课程，确保每一位大学生都能够全面、系统地学习和掌握。对于与大学生专业、兴趣相关的思想政治教育内容，则可以将其设置为选修课，供大学生自主选择，满足其个性化的学习需求。

第二，科学安排课程的难度层次和进阶关系。思想政治教育内容具有一定的理论深度和逻辑系统性，需要大学生在学习过程中不断深化认识，提升思维能力。因此，课程结构应该体现由浅入深、由易到难的进阶关系，引导大学生循序渐进地掌握思想政治教育的基本原理和方法论，逐步形成科学的世界观、人生观和价值观。

第三，加强思想政治理论课与实践课的有机结合。思想政治教育不能停留在理论讲解的层面，更需要引导大学生将所学知识运用到实际生活中，增强解决现实问题的能力。因此，在课程结构设计上，要注重理论与实践的结合。通过开展社会调查、志愿服务、专题研讨等实践性教学活动，教师能够帮助大学生深化对理论知识的理解，提升运用马克思主义立场、观点、方法分析、解决问题的能力。

课程结构的调整是一项系统工程，它需要建立在科学评估的基础之上，需要教育者与受教育者、学校与社会的密切配合。通过深入贯彻落实评估结果，不断优化课程设置，高校就能够构建起内容丰富、形式多样、富有时代特色的思想政治教育课程体系，为培养担当民族复兴大任的时代新人提供坚实的理论基础和实践支撑。这不仅是提升思想政治教育质量的必然要求，也是推动高校内涵式发展、实现立德树人根本任务的迫切需要。

（三）课程难度分级

在新时代高校思想政治教育评估工作中，课程难度分级是一项重要而细致的工作。它要求思想政治教育工作者深入分析课程内容、科学设置课程难度，以满足不同学生的学习需求，实现因材施教、分层教学的目标。

课程难度分级的首要任务是对课程内容进行系统梳理和深入分析。思政课涉及哲学、政治学、法学、社会学、伦理学等多个学科领域，知识体系复杂，理论抽象，对大学生的理解能力和思辨能力提出了较高要求。教师需要在全面把握课程内容的基础上，明确各知识点的重要程度、难易程度以及相互之间的逻辑关系，进而构建起层次分明、环环相扣的课程难度体系。

在此基础上，教师应根据学生的知识基础、认知特点和接受能力，将课程内容划分为不同的难度等级。对于基础性、概括性的知识点，可将其归为初级难度，旨在让学生掌握思想政治理论的基本概念、基本原理和基本方法；而对于综合性、拓展性的知识点，则可将其归为中高级难度，引导学生深入理解理论内涵，提升理论思维和实践应用能力。

需要强调的是，课程难度分级并非简单的"分蛋糕"式切割，而是一个动态调整、螺旋式上升的过程。教师应根据教学实际和学生反馈，及时调整难度设置，既要避免难度过低导致学生学习动力不足，又要防止难度过高引发学生畏难情绪。同时，初级难度内容的学习要为中高级难度内容的学习奠定基础，不同难度等级之间要形成递进关系，实现学生能力的螺旋式提升。

三、评估结果在师资培训中的应用

在思想政治教育评估中，通过问卷调查、访谈座谈、课堂观察等方式收集教师在教学理念、教学内容、教学方法、学生管理等方面存在的困惑和不足，能够为后续培训工作提供重要参考。例如，评估发现部分教师对新媒体技术在思政课教学中的应用缺乏了解，培训中就应重点介绍微课、慕课、直播课等新型教学模式，引导教师学会利用信息技术手段增强教学的吸引力和感染力。

（一）培训需求分析

教师作为教育教学的主导者和组织者，其专业素养和教学能力直接影响着教学质量和人才培养效果。师资培训则是提升教师专业素养、更新教学理念、掌握新的教学方法和技术的重要途径。在新时代高校思想政治教育工作中，加强对教师的培训需求分析，有针对性地开展培训活动，对于增强教师的思想政治教育意识、提高教学水平具有重要意义。

培训需求分析还要注重分层分类，针对不同教师群体设计个性化的培训方案。青年教师、中年教师、老年教师在教学经验、知识结构、价值观念等方面存在差异，其培训需求也各不相同。对青年教师，应重点加强教学基本功训练，帮助其尽快适应教学工作；对中年教师，应着眼于教学理念更新和教学方法创新，激发其教学热情；对老年教师，应注重发挥其"传帮带"作用，发掘并推广其教学经验和智慧。此外，专任教师和兼职教师、思政课教师和其他课程教师的培训需求也应有所区分。只有做到因材施教、分类指导，才能最大限度地调动教师参加培训的积极性，提升培训实效。

（二）培训内容设计

师资培训内容的设计是教学评估结果应用的关键环节之一。通过科学、系统的培训内容设计，培训者可以有效提升教师的教学能力和专业素养，进而推动思想政治教育质量的整体提升。在培训内容设计过程中，培训者应充分借鉴教学评估中发现的问题和不足，有针对性地开展教师能力提升培训。

首先，培训内容应聚焦于思想政治理论教学的核心要素。通过教学评估，培训者可以发现教师在教学理念、教学方法、教学内容等方面存在的薄弱环节。因此，培训内容设计应以习近平新时代中国特色社会主义思想为指导，深入解读党的十八大以来的重大理论创新成果，帮助教师准确把握马克思主义中国化最新理论成果的精髓和实践要求。同时，还应重点强化教师对社会主义核心价值观的理解和认同，引导其将社会主义核心价值观贯穿于教学全过程，渗透到教学各环节。

其次，培训内容应着眼于提升教师的教学能力和水平。教学评估结果反映出部分教师在教学设计、课堂组织、教学方法运用等方面仍有较大提升空间。因此，培训内容设计应围绕教学全过程，系统培养教师的教学基本功。一方面，要加强教学设计能力培训，引导教师准确把握教学目标，科学设计教学环节，合理安排教学时间，提高教学的针对性和实效性。另一方面，要强化课堂教学能力培训，帮助教师掌握启发式、探究式、讨论式等多样化教学方法，提高课堂教学的吸引力和感染力。

最后，培训内容应注重教师教书育人能力的塑造。教学评估中发现，部分教师仍存在重教书轻育人的问题，师生互动有待加强，课堂教学缺乏亲和力和感召力。对此，培训内容设计应加大教师职业道德和师德修养培训力度，引导教师树立以学生发展为中心的教育理念，提高他们教书育人的责任感和使命感。同时，要通过情景模拟、案例分析等方式，提升教师的沟通交流能力，增强其亲和力和感染力，构建平等、和谐的师生关系。

（三）培训效果评估

首先，明确评估目标和标准。培训效果评估不能流于形式，而应聚焦于教师教学能力、育人水平等关键指标的提升。评估标准的制定要全面考虑培训的预期目标、教师的实际需求以及高校的特定情况，既要有定量的硬性指标，又要有定性的软性考量。只有建立起科学合理的评估体系，才能为培训效果评估提供可靠依据。

其次，师资培训效果评估应该采用多元化的评估方式。传统的评估往往侧重于培训后的问卷调查和考试测验，这固然有助于了解教师对培训内容的掌握程度，但难以全面反映培训对教学实践的影响。因此，评估还应该引入教学观察、学生反馈、教学反思等质性评估手段。深入课堂一线，分析教师的教学行为变化；收集学生的意见建议，了解培训成果的终端反映；引导教师自我反思，促进其内在教学理念的更新。唯有形成量化考核与质性分析并重的综合评估模式，才能准确把握培训实施成效。

再次，师资培训效果评估需要关注教师的个体差异。每位教师的知识背景、教学经验、学科特点都不尽相同，对培训内容的接受程度和转化能力也存在较大差异。因此，评估不能"一刀切"，而应针对不同教师群体采取差异化的评估策略。对于青年教师，评估可以更加侧重知识技能的掌握和教学基本功的提升；对于骨干教师，评估则应更加注重教学创新能力和引领示范作用的发挥；对于学科带头人，评估还应考查其领导力和团队建设能力的提升。只有充分尊重教师的个体差异，采取有的放矢的评估方式，才能真正发挥评估的诊断和激励功能。

最后，师资培训效果评估还要注重评估结果的应用与反馈。评估不是目的，而是进一步改进培训工作的起点。一方面，评估结果要及时反馈给参训教师，帮助其明确优势和不足，调整后续教学改进的思路和举措；另一方面，评估结果也要反馈给培训组织者，为其优化培训方案、改进培训管理提供决策参考。同时，高校还应建立培训效果评估与教师专业发展的联动机制，将评估结果作为职称评聘、绩效考核的重要依据，以评促建，形成培训与评估的良性循环。

四、评估结果在学生管理中的应用

（一）学生行为规范

学生行为规范是思想政治教育评估结果应用的重点领域之一。科学评估所揭示的学生行为问题，为高校制定和完善行为规范提供了可靠依据。只有根据评估结果，有针对性地建立健全行为规范体系，才能切实加强学生日常管理，引导学生养成良好行为习惯，促进其全面发展。

（二）学生心理辅导

学生心理辅导是高校思想政治教育评估中不可或缺的一环。通过科学、系统的心理辅导，我们能够洞悉大学生的心理状况，发现其存在的问题和困扰，进而采取有针对性的干预措施，帮助学生实现身心的健康发展。这不仅关乎学生个体的成长，更关系到高校育人质量的提升和社会主义建设者、接班人的培养。

（三）学生学业指导

学业指导是高校思想政治教育评估结果应用的重要方面。通过对学生学习状况的全面评估，思想政治教育工作者能够洞察学生在学业发展中遇到的共性问题和个性化需求，从而有针对性地开展学业指导，帮助学生克服学习困难，优化学习方式，提升学习效率。

高校思想政治教育评估为学业指导提供了科学依据。评估结果能够揭示学生在学习态度、学习习惯、学习能力等方面存在的不足，为教师有的放矢地进行学业辅导指明方向。例如，通过分析学生的课堂表现、作业完成情况、考试成绩等，教师可以发现学生学习动机不足、自控力薄弱、时间管理能力欠缺等问题，进而采取相应的干预措施，如开展学习动机激发讲座、组织时间管理培训等，帮助学生养成良好的学习习惯。

第五节　新时代高校思想政治教育持续改进与反馈机制

一、持续改进措施

持续改进是一种以持续优化为目标的管理理念和方法论，它强调在组织的各个层面和业务流程中不断寻找改进机会，优化工作方式和流程，提高质量和效率。在高校思想政治教育领域，持续改进已经成为提升教学质量、促进学生全面发展的重要途径。作为一种系统性的质量管理方法，持续改进不仅关注教学过程的局部优化，更注重教育教学系统的整体改进和长效机制的建立。

从实践层面来看，持续改进为高校思想政治教育教学质量的提升提供了系统化的操作路径。按照"计划—实施—检查—行动"管理方法（PDCA 循环），高校思想政治教育工作者可以有序地开展教学改进活动。首先，教师需要对教学现状进行全面诊断，识别教学中存在的问题和不足，并根据教学目标和学生需求，制订切实可行的改进计划。其次，在计划实施阶段，教师要严格按照预定方案组织教学，同时密切关注教学过程，随时进行必要的调整。再次，教学实施后，教师还要运用多种评估手段，客观评估教学效果，总结经验教训。最后，在评估反馈的基础上，教师要及时优化完善原有的教学方案，形成新一轮的改进计划。通过不断循环往复，持续改进使高校思想政治教育教学质量得到螺旋式上升。

在具体实施持续改进的过程中，高校思想政治教育工作者要遵循教育教学规律，把握持续改进的关键要素。

一是要树立正确的质量意识。教育质量是一个动态、多维的概念，它不仅包括课堂教学质量，还涉及学校管理质量、教师发展质量、学生全面发展质量等诸多要素。树立全面质量管理意识，关注高校思想政治教育质量的方方面面，是推进持续改进的基础。

二是要坚持问题导向。持续改进的出发点和落脚点都在于发现并解决问题。教师要主动收集教学反馈，综合运用测验、访谈、问卷调查等多种方式，准确诊断教学短板，有的放矢地制定整改措施。

三是要注重科学方法。持续改进不是简单的经验总结，而是要运用科学的管理方法和工具，如智慧教学平台、大数据分析等，提高诊断、决策、评估的科学性和准确性。

四是要营造适宜氛围。营造民主、宽松、进取的教学氛围，鼓励教师大胆尝试、积极创新，是持续改进的必要条件。高校要为教师搭建交流合作平台，促进优秀教学经验的分享与传播。

二、教学反馈机制

为了确保教育教学活动的实效性，建立健全反馈机制至关重要。反馈数据的收集是推动教学持续改进的基础，也是评估教学成效的重要依据。

（一）反馈数据的收集方法

高校思想政治教育质量的提升离不开常态化的教学反馈。教师只有积极主动收集反馈、虚心听取意见、认真分析原因，才能找准教学中存在的短板和不足。只有通过持续不断的自我革新，教师才能真正实现教学相长，推动思想政治教育事业不断迈上新台阶。反馈数据收集方法的选择要因时因地制宜、灵活多样。唯有不断创新数据收集理念和手段、丰富数据维度、优化数据质量，才能为高校思想政治教育的持续改进提供强大的数据支撑和智力保障。

问卷调查是反馈数据收集的常用方法之一。通过实施科学、合理的问卷调查，教师可以全面了解学生对教学内容、教学方法、教学效果等方面的意见和建议。问卷调查的内容应该紧扣教学目标和教学重点，题目设置应该具有针对性和可操作性。同时，为了提高问卷调查的效率和质量，教师还应该合理确定调查对象和样本量，选择恰当的调查时间和方式。在问卷设计过程中，教师要注重问题的逻辑顺序和语言表述，尽量避免模棱两可或引导性的提问。

访谈法是另一种有效的反馈数据收集方法。相比问卷调查，访谈法能够获得更加深入、细致的信息反馈。教师可以通过个别访谈或焦点小组访谈的形式，与学生面对面交流，倾听他们对教学的真实感受和想法。在访谈过程中，教师应该营造轻松、友好的氛围，鼓励学生畅所欲言，表达自己的观点。同时，教师还要注意引导话题，把握访谈的节奏和方向，避免跑题或冷场。访谈结束后，教师要及时整理访谈记录，提炼关键信息，为教学改进提供参考。

教学反思日志也是一种行之有效的反馈数据收集方法。通过撰写教学反思日志，教师可以系统梳理自己的教学过程，剖析教学得失，探寻改进策略。一份优秀的教学反思日志应该包括教学目标、教学内容、教学方法、学生反应等要素，同时还要对教学效果进行评估，提出改进建议。定期撰写教学反思日志能够帮助教师养成自我反思的习惯，不断优化教学策略，提升教学能力。

（二）反馈数据的分析技术

反馈数据的分析是高校思想政治教育持续改进的关键环节。通过收集和分析师生、管理者等各利益相关方的反馈信息，教育工作者能够及时了解教学实践的成效，发现存在的问题和不足，进而采取有针对性的改进措施。这一过程不仅有助于优化教学内容和方法，提升教学质量，更能够促进思想政治教育工作与时俱进，使其适应新时代大学生成长成才的需求。

在反馈数据分析过程中，数据挖掘技术发挥着重要作用。数据挖掘是指从大量不完全的有噪声且模糊的随机数据中，提取隐含在其中人们事先未知但又是潜在有用的信息和知识的过程。通过运用聚类、关联、分类等数据挖掘算法，教育工作者能够从海量的反馈数据中发现有价值的模式和规律，如学生对思政课的认可度、参与课外实践活动的积极性等。这些发现不仅为教学诊断和改进提供了数据支撑，也为思想政治教育决策提供了重要参考。

文本挖掘是数据挖掘技术在反馈数据分析中的重要应用。思想政治教育反馈数据具有文本性、非结构化的特点，传统的统计分析方法难以对其进行有效处理；而文本挖掘技术则能够自动抽取、归类、综合文本信息，揭示其中蕴含的主题、情感、观点等有价值的内容。例如，通过对学生的课程评价、心得体会等文本数据进行挖掘分析，教师可以准确把握学生对课程的理解程度、情感态度，发现教学中存在的疑难问题，从而有针对性地改进教学设计。

社交网络分析是反馈数据分析的另一项关键技术。在互联网时代，师生交流、思想碰撞越来越多地在网上平台展开。运用社交网络分析方法，教育工作者能够揭示师生在线互动的结构特征和演化规律，评估思想政治教育的网络传播效果。例如，通过分析学生在思想政治教育专题网站、官方微博等平台的浏览、评论、转发等行为数据，教师可以洞察学生对相关内容的兴趣偏好、认同程度，发现意见"领袖"和传播节点，进而优化网络思想政治教育资源的生产与传播。

反馈数据分析并非简单的技术操作，需要教育工作者的深度参与和解读。数据模式和规律的发现只是第一步，更为关键的是分析其背后的原因，挖掘其教育意义。这就要求教育工作者具备扎实的专业基础和教育智慧，能够基于教育教学规律和学生成长规律，对数据分析结果进行科学的解释和反思。只有将数据分析与教育实践深度融合，才能真正发挥其诊断、预测、优化的功能，推动思想政治教育的精准化、科学化发展。

高校思想政治教育是一项系统工程，反馈机制是其中的重要环节。反馈数据的分析为这一机制注入了新的技术动力，为思想政治教育的持续改进提供了精准抓手。在大数据时代，深入运用数据挖掘、文本分析、社交网络分析等新兴技术，充分挖掘反馈数据的价值，已经成为思想政治教育工作者的必修课。唯有不断提升数据素养，增强数据思维，才能准确把握学生思想动态，科学调控教育教学过程，不断开创思想政治教育工作新局面。

（三）反馈结果的应用

反馈结果的应用是推动教学优化、提升教学质量的重要途径。通过科学收集、系统分析学生对教学各环节的评价和建议，教师能够及时发现教学中存在的问题，并据此采取有针对性的改进措施。

首先，反馈结果有助于优化教学内容。通过梳理学生的反馈意见，教师可以了解哪些教学内容难以理解、哪些知识点需要补充说明，从而有针对性地调整教学重点和难点，使教学内容更加贴近学生的认知水平和接受能力。同时，学生的反馈还能为教师提供新的教学素材和案例，丰富教学内容，增强教学的时代性和吸引力。

其次，反馈结果的应用能够促进教学方法的创新。学生对教学方法的评价和建议，是教师反思和改进教学方法的重要参考。通过分析学生的反馈，教师可以发现传统教学模式的局限性，探索更加灵活多样、互动参与度高的教学方法，如案例教学、情景模拟、小组讨论等，以提高学生的学习兴趣和主动性。创新的教学方法不仅能够激发学生的求知欲，更能培养其独立思考、勇于质疑的能力。

再次，反馈结果的应用有利于改善师生关系。教学反馈为师生之间搭建了沟通的桥梁，学生通过反馈表达自己的诉求和期望，教师通过分析反馈了解学生的想法和困惑。在此基础上，教师可以主动与学生交流，解答其疑问，给予必要的学业指导和情感支持。良好的师生互动不仅能够营造民主、平等的课堂氛围，更能增进师生间的理解和信任，为思想政治教育的深入开展奠定基础。

最后，反馈结果的应用还有助于教师自身的专业成长。学生的反馈是教师自我反思和提升的"镜子"，教师通过梳理、分析反馈，能够客观认识自己的教学特点和不足，进而有针对性地加强教育教学理论学习，提高思想政治素养，完善知识结构，改进教学艺术，不断提升育人能力和水平。

参考文献

［1］张秀，毕红梅．新时代思想政治教育学范畴的"变"与"不变"［J］．重庆第二师范学院学报，2024，37（1）：103-108，128．

［2］钟丽华．大学生思想政治教育的机遇与挑战：评《新时代大学生思想政治教育理论与实践研究》［J］．人民长江，2023，54（11）：257．

［3］赵晓琳．新时代背景下高校思想政治教育的理论与实践探析［J］．食品研究与开发，2023，44（21）：239-240．

［4］焦立涛．人工智能赋能大学生思想政治教育研究［D］．济南：山东师范大学，2023．

［5］刘熙雯．新时代高校思想政治教育微观叙事优化路径研究［D］．济南：山东师范大学，2024．

［6］杨旭．人工智能对高校思想政治教育影响研究［D］．西宁：青海师范大学，2024．

［7］李佳芮．新时代大数据赋能大学生思想政治教育研究［D］．重庆：重庆理工大学，2024．

［8］张扬春．新时代高校思想政治理论课教学话语体系创新研究［D］．长沙：中南大学，2023．

［9］景丝丝．改革开放以来高校思想政治教育形态发展研究［D］．无锡：江南大学，2023．

［10］王淑仪．新时代高校思想政治理论课的守正创新研究［D］．宜昌：三峡大学，2023．

［11］苏文静．新时代高校思想政治工作守正创新的价值、内容与路径研究［D］．兰州：兰州财经大学，2023．

［12］张函毓．新时代思想政治教育育人功能发挥研究［D］．重庆：西南大学，2023．

［13］徐福祥．思想政治教育基本规律的当代阐释［D］．长春：东北师范大学，2023．

［14］郭娜娜．新时代大学生法治教育研究［D］．哈尔滨：哈尔滨工程大学，2023．

［15］魏俊斌．思想政治教育网络环境法治化治理研究［D］．哈尔滨：哈尔滨工程大学，2023．

［16］潘云宽．大数据时代高校精准思政建设研究［D］．成都：电子科技大学，2023．

［17］胡华．思想政治教育学科整体性研究［D］．广州：华南理工大学，2023．